怒らない100の習慣

日本アンガーマネジメント協会
理事
戸田久実

イラスト
ヒダカナオト

WAVE出版

はじめに

怒りに悩むことはありませんか？

職場やプライベートで苦手な人と関わるとき、仕事で迷惑をかけられたとき、予定通りに事が進まないとき、理想と現実にギャップを感じるとき……など、わたしたちは日常のさまざまなシーンで「怒り」のわく出来事に直面します。

怒りをため込むと、それだけで毎日がしんどくなってしまいますね。

でも、怒りは、自分の心がけ次第でやわらげることができるのをご存じでしょうか。

わたしは研修講師として約30年間、述べ20万人以上に、人とわかり合うためのコミュニケーション法をお伝えしてきました。対象としてきたのは、経営者から、管理職、働く女性、学生まで、さまざまです。幅広い層の方々と関わるなかで、「怒り」は、老若男女問わず、誰もが持ち合わせている当たり前の感情であることを実感しています。

だからこそ大切なのは、わいてきた「怒り」を上手に扱えるようになることです。

怒りを我慢したり、見ないようにしたりするのではなく、怒りの正体を知り、たちの

ぼってきた感情を素直に感じ、必要であれば相手に伝わるように怒りを伝えること。
これらができるようになれば、自然と怒りに振り回されなくなっていきます。
ぜひ、怒りを「マネジメント」できるようになっていただきたいのです。

怒りをうまく扱えるようになるための手法として、心理教育・心理トレーニングである「アンガーマネジメント」を、わたしは研修やコンサルティングなどで、専門的にお伝えしています。

日本アンガーマネジメント協会が提供するアンガーマネジメントを、累計１７０万人が体験しており、

「人間関係で悩むことが激減しました」

「自分と考えが違う人と関わるストレスがなくなってきました」

「怒りに振り回されなくなりました」

といった声を、日々数多くいただいています。

アンガーマネジメントの方法として紹介されていることを実践することで、そもそも怒りづらい体質に変えることもできます。

本書では、このアンガーマネジメントの考え方や手法をヒントに、普段からわたしが講師としてお伝えしている、怒りに振り回されない日々を送るための秘訣を解説します。

1章では、怒りを上手に扱う習慣についてご紹介します。そもそも怒りとは何なのか、怒りがわいたときにどう対処したらいいのか、怒りを感じても、良好な人間関係を保つためにはどうすればいいか、といったことをお伝えします。

「怒りを感じる自分を大切にする」という項目では、これまでとは違う視点で怒りをとらえられるようになり、怒りの感情が愛おしく感じられるかもしれません。

怒りの気持ちを、自分の成長に変えていくための方法についても解説しているので、ぜひ参考にしてくださいね。

2章では、わいてきた怒りをやわらげる習慣についてお伝えします。

怒りに振り回されるのではなく、やわらげることができたらいいですよね。

たとえば、怒りに点数をつけてみることや、心が落ち着くフレーズを持つこと、鏡を見て口角を上げることの効果など、誰にでもできることを中心に取り上げています。実践していくうちに、だんだん怒りを前向きにとらえることができるようになっていきますよ。

3章は、怒りにくい体質になる習慣がテーマです。

怒りに振り回されないようになる方法を紹介しています。

すぐにできることばかりなので、実践していくと、心も身体も健康的になってきます。

しあわせな気持ちで眠りにつくためのヒントにも触れているので、ぜひ試してみてくださいね。

4章では、人間関係での怒りが軽くなる習慣をお伝えします。

たとえば、マウンティングをしてしまう人と接するとき、相手の強い怒りに引っ張られてしまいそうなとき、知人からしつこくプライベートのことを聞かれて困ってしまうときなど、暮らしのなかで遭遇する困った相手への対処法にもたくさん触れています。

どう切り返せばいいのかを知っておけば、余計なイライラを感じなくてすむようになりますね。

5章でご紹介するのは、自分をごきげんにする習慣です。

普段、自分の機嫌をよくすることを意識していますか？

じつは、自分が満たされていることはとても大切です。
たとえば、身体をいたわる時間や、お花や香りを取り入れてリラックス時間を持つことなど、忙しいとつい後回しにしてしまいがちなことを、あえてこの章で紹介しています。
自分をごきげんにする時間を持てていると、自然と怒りづらくなったり、大きな出来事でなければ「ま、いっか」と思えるようになったりして、余計な怒りに振り回される機会がぐっと減っていくのです。

せっかくの毎日ですから、しあわせに過ごせる時間を増やしたいですよね。
全編を通して、どんな人にでもすぐに取り入れられることを中心に取り上げたので、ぜひ「いいな」と思うものから取り入れてみてください。
本書が、怒りから解放される一助になれば、とてもうれしく思います。

2023年3月　戸田久実

目次

1章　怒りを上手に扱う習慣

2章 怒りをやわらげる習慣

3章 怒りにくい体質になる習慣

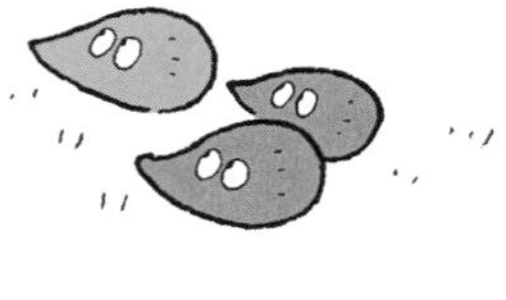

4章 人間関係での怒りが軽くなる習慣

5章 自分をごきげんにする習慣

デザイン／駒井和彬（こまゐ図考室）
編集協力／星野友絵
校　正／株式会社ぷれす

OKORANAI

1 - 11

100

1 章

怒りを上手に扱う習慣

OKORANAI

1

100

まずは6秒待つ

怒りがわいたときには、6秒待ってください。

6秒経つと理性が働くようになり、怒りの感情に振り回されずにすむからです。

イラッとしたときにもっとも避けたいのは、つい感情的になって、怒りに任せた行動をとること。たとえば、物への八つ当たり、人を傷つけるような暴言、暴力的な行為、売り言葉に買い言葉で相手を叩きのめす言動などをとって、後悔したことはありませんか？

怒りに任せて衝動的な行動を繰り返していると、人を傷つけてしまうことになるほか、近寄りがたい存在だと思われてしまったり、相手との関係が悪くなってしまったり……ということになり、何もいいことがありません。

もし、怒りがわいたときには、まず6秒待つことを心がけてみてください。

理性が戻ってくるのを感じられるはずです。

良好な人間関係を保つためにも、怒りに振り回されない体質になるためにも、「6秒待つ習慣」を心がけられるといいですね。

OKORANAI

2

100

怒りを自然に感じる

怒りは人間にとって、なくすことができない自然な感情です。ですから、怒りの感情を否定する必要はありません。「怒り＝よくないもの」だと思われがちですが、怒りを感じることや怒ること自体は、決して悪いことではないのです。

怒りを表現することで、本気度や真剣さが相手に伝わることもありますし、我慢して後悔することを防ぐこともできます。

怒る必要のあるときは、怒りの気持ちを表に出しましょう。鬱屈した気持ちを抑え込んでいると、いつの間にか抱えきれずに、爆発してしまうことも……。怒りを抱え込んでいる自分のことが嫌いになったり、自己受容度が低くなったりしてしまう人もいるでしょう。

無理に抑えようとするのではなく、上手に怒るのがポイントです。自分がどう感じたのか、どうしてほしかったのかが、相手にわかるように伝えましょう。このとき大切にしたいのは、感情的になりすぎないこと。適切な表現ができれば、相手との関係が悪くなることもありません。怒りがわいてきたら、まずは「自然なこと」と受け入れてみてくださいね。

OKORANAI

3

100

怒りを感じる自分を大切にする

怒りは、防衛感情（身を守るための感情）でもあります。

心と身体の安心や安全が脅かされそうになったとき、人は怒りで対応するという本能を持っているのをご存じですか？　これが防衛感情です。

たとえば、駅の階段を降りているとき、走って降りてきた人が勢いよくぶつかってきて、危うく転げ落ちそうになったとしたら、怒りを覚えてしまうのではないでしょうか。

自尊心を傷つけられるような言動をされたとき、つい感情的になってしまったことはありませんか？　このように、自分の心と身体の安全を保とうとするだけでなく、自分の大切なものや誰かを守るために、人は怒りで対応することもあるのです。

怒りを感じたら、「自分を大切にしているのだ」ととらえてみてください。

自分がどんなことを大切に思っているのか、気づくきっかけにもなりそうですね。

そんなふうに、日々、わいてきた怒りを優しく受けとめてみてはいかがでしょうか。

OKORANAI

4

100

怒る必要があること、ないことを線引きする

「あのとき怒っておけばよかった……」「なんであのとき、言っておかなかったのだろう……」と後悔することが続くと、だんだんネガティブな思いがたまってきて、悶々としてしまうこともあるでしょう。なかには、怒れなかった自分自身に怒りがわいてきて、夜眠れなくなってしまうという人もいます。その後悔をなくすために、普段から怒る必要のあること、ないことを、線引きできるようになることが大切です。

「これだけは言いたい」「言わないと後悔する」と思うなら「言う」。「これは、まぁ……言わなくても後悔しないかな」と思えるなら「言わない」。この基準で、振り分けをしてみてください。日が経ったあとでも「これはわかってほしい」と思うことがあれば、伝えましょう。

ただし、あとから伝えるときに気をつけたいのは、「前からずっと思っていたけれど……」という根に持つような言い方をしないこと。「なんて言おうか整理していたら、時間が経ってしまってごめんなさい」といった言葉を添えて伝えることを意識しましょう。

OKORANAI

5

100

「言いすぎた後悔」を減らしていく

怒りは、エネルギーの強い感情です。強い分、どうしても振り回されやすいので、つい「相手に言いすぎてしまった……」ということもあるのではないでしょうか。

とくに、強い怒りを感じたときには、相手をやり込めるような口調になってしまったり、叩きのめすような言葉を発してしまったりすることが多いものです。

怒りをぶつけている最中はなかなか冷静になれず、会話を終えてから言いすぎたことに気づいて、後悔することはありませんか？　あとでも気づくことができれば、「あのときは言いすぎてしまって…」と謝罪することもできます。もし悔やむ気持ちがわいたなら、タイミングが遅くなっても「ごめんなさい」と伝えてみましょう。和解するきっかけになりますし、誠意も伝わるでしょう。ただ、できることなら「言って後悔」する機会が少なくなるといいですね。そのためには、**1**（18頁）でも紹介したように、怒りがわいたとき、理性が働くまでの6秒をやり過ごせるよう心がけることです。ぜひ意識してみてください。

OKORANAI

6

100

まずは動いてみる

怒りは、人間にとって自然な感情である分、怒りを感じる気持ちをストップできるものではありません。でも、「感じた怒りをどう扱うか」はコントロールできます。

たとえば、イライラしていても、大切な人や仕事関連でおつき合いのある人から電話があったり、声をかけられたりしたら、ごきげんな対応ができるのではないでしょうか。

アンガーマネジメントは、怒りとうまくつき合うための心理トレーニングです。知識や情報を得ただけでは、できるようにはなりません。

一例をあげます。「サッカーができるようになりたい」と思ったとしましょう。サッカーボールを買い、サッカーの本を読んだだけではうまくなりません。身体を動かして、練習して、はじめて身につくものです。

アンガーマネジメントも同じ。日々のなかで、できることから取り組んでみることが大切なのです。日々取り組めば誰でもできるようになるものですから、まず動くことからはじめましょう。それが怒りのマネジメントにつながります。

OKORANAI

7

100

怒りをやる気に変える

怒りの感情は、強いエネルギーを持っている分、行動を起こすモチベーションへと変えることができます。

バカにされて悔しい気持ちになったり、怒りがわいたりしたときも、ネガティブな思いをバネにして行動することで、いい結果へとつなげることもできるはずです。

たとえば、太っていることを指摘されたことに奮起して、ダイエットをがんばる。

仕事で結果を出せなかった悔しさを力に変えて、挽回する。

このように発想の転換ができると、怒りを行動のきっかけや、結果を出すための材料にすることが可能になります。本当にアンガーマネジメントができる人は、怒りを建設的な行動につなげられるのです。

怒りの性質を理解して、上手につき合っていけるようになると、人はどんどん成長できるものです。怒りを、やる気と行動につなげる習慣を持てるといいですね。

OKORANAI

8

100

怒りを伝染《うつ》さない

「情動伝染」という言葉をご存じですか？　感情は周囲に伝染する性質があるという意味です。「うれしい」「悲しい」という感情も伝染しますが、怒りはエネルギーが強い分、よりまわりに伝染しやすいという特徴があります。

たとえば、一緒にいる人が「うれしい！」「楽しいな」という感情を表現することで、その場の雰囲気が明るくなったという経験をしたことがあるのではないでしょうか。

怒りも同じです。イライラしている人がいると、そのイライラした感情がまわりにいる人に伝染っていくものです。直接怒りをぶつけられているわけではなくても、気分が悪くなることもあるでしょう。ですから、近くで誰かがイライラしていたら、その気持ちが自分にも伝染らないように対策しておくといいですね。あまりにもひどい場合には、それ以上怒りが広がらないように、その場を離れることも大切です。普段の生活のなかで、感情をむき出しにして、怒りを誰かに伝染さないよう、心がけましょう。

OKORANAI

9

100

「思い込み」センサーを作動させない

「この人には言いやすい」と思うことや、反対に「この人には強く言いにくい」と感じることはありませんか？　怒りは、身近な相手に対して強くなりがちです。

これは、怒りの性質のひとつと言えるでしょう。

長く一緒に過ごすパートナーや家族、職場の人に対しては、「思い通りに動いてくれるはず……」「言わなくてもわかるはず……」という思い込みや甘えが働きやすいものです。

そこまで親しくない人が相手なら、多少の遠慮がある分、強く怒ることもないはずですが、身近な人が相手になると、イライラする気持ちをそのままぶつけてしまうことが少なくありません。これも、怒りの性質だと知っておくといいでしょう。

大切な人にカッと怒りがわいたときには、一度立ち止まってみましょう。そのまま感情をぶつけてしまわないように、意識できるといいですね。

日頃から心がけていれば、関係性を良好に保つことができるはずです。

OKORANAI

10

100

「こうあるべき」を押しつけない

「こうあるべき」という自分の価値観に人が従わないと、ついイライラして指摘してしまう人がいます。

個人の価値観に、「合っている」「間違っている」はありません。余計な怒りがわかないようにするには、人に対して何か伝えたいことがあるとき、「わたしは、こういう考えを大切にしている」ということだけを話し、批判しないようにとどめましょう。

「こうあるべき」という考えにこだわると、その分だけイライラすることが増えて、どんどん苦しくなってしまいます。組織やチームで重要な決め事をする場合には、ルールを共有することが大切です。個人の価値観に関わることは、相手に強要することではないので、線引きには配慮したいところです。

「自分はこういった考えを持っているけれど、そうでない人もいるし、別の考えの人もいる。それぞれ違っていい」ととらえるようにしたほうが、心がラクになりますよ。

OKORANAI

11

100

怒りの連鎖を断ち切る

日本アンガーマネジメント協会の理念に、「怒りの連鎖を断ち切ろう！」という言葉があります。怒りには、身近な対象ほど強くなり、力関係の上から下へと連鎖するという性質があります。アンガーマネジメントができずに怒りに振り回されてしまうと、上司から部下へ、親から子へと怒りが連鎖していくことが考えられます。

でも、一人ひとりがアンガーマネジメントを実践できるようになれば、怒りの連鎖を断ち切ることができるのです。そして、大切な人を傷つけずに、お互いが責め合うことのない、よりよい社会になるのではないでしょうか。

アンガーマネジメントは、誰でも取り組めます。性別、年齢、職業、学位に関係なくすべての人が簡単に、そしてシンプルに、繰り返しできる方法です。

次章以降でも詳しくお話ししますが、ぜひ日常にアンガーマネジメントを取り入れてみませんか？

OKORANAI
12 - 24
100

2章

怒りを
やわらげる習慣

OKORANAI

12

100

怒りに点数をつけてみる

怒りは目に見えないため、扱いづらく、つい感情のままに振り回されてしまいがちです。そこで、怒りを感じたら、頭のなかで怒りに0～10までの点数をつけることで、自分の状態を把握できるようになり、対処しやすくなります。

点数の目安は、0点がまったく怒りを感じていない状態。1～3点は、イラッとするが、すぐに忘れる程度の軽い怒り。4～6点は、時間が経っても心がザワザワするような怒り。7～9点は、頭に血がのぼるような強い怒り。10点は全身が震えるくらいの激しい怒りとします。

イラッとした瞬間に、頭のなかで怒りの点数を思い浮かべてみてください。点数をつけることに意識を向けるため、怒りそのものから意識が外れて、振り回されなくなるでしょう。また、自分が何にどれくらい怒りを感じやすいのか、怒りのクセや傾向がわかります。怒りがわいたときには、怒りの数値化を意識すると、早く冷静になることができるのでおすすめです。

OKORANAI

13

100

魔法のフレーズを持っておく

人と接していると、ついイラッとしてしまうことがあるでしょう。そんなとき、心が落ち着くフレーズを持っていると、一瞬で気持ちを切り替えることができます。フレーズは、たとえば「大丈夫、大丈夫」「たいしたことない」と言う人や、自分でフレーズをつくる人もいます。自分が落ち着くものなら、好きな食べ物やペットの名前でもいいでしょう。

カチンとくることがあった瞬間、理性が働くまでの6秒の間に、心のなかで自分だけの言葉を唱えてみてください。特定のフレーズを自分に言い聞かせることで、客観的になり、気持ちを落ち着かせることができます。

また、怒りに任せた行動をしにくくなるので、おすすめです。そうすることで、「まぁ、たいしたことないかな」と思えるようになるでしょう。

言いやすくてしっくりくるものを事前に用意しておくといいですね。いつでもどこでもできるので、ぜひ、取り入れてみてください。

OKORANAI

14

100

その場から離れる

誰かと言い争いになって、感情をコントロールできなくなりそうになったことはありませんか？　そんなときは、その場を離れて、いったんリセットする「タイムアウト」という方法がおすすめです。

スポーツの試合中、タイムアウトをとったあとに、またゲームが再開されるように、怒った場面でのタイムアウトにも再開があります。この場合、その場を離れるときには戻ってくる時間を伝えるようにしましょう。その場に戻る前には、深呼吸、ストレッチ、水分をとるなど、気分が落ち着くことをするのがおすすめです。そうすることで、怒りをエスカレートさせずにすみ、怒りに冷静に向き合うことができます。

タイムアウトをとることで、お互いに気持ちを落ち着かせることができるでしょう。

日常のなかで、イライラすることがあったときにも、感情をコントロールできるコツを身につけて、活かしていけるといいですね。

OKORANAI

15

100

ゆったりと深呼吸する

イライラしているときは、交感神経が優位になっている状態です。気持ちを落ち着かせるために、副交感神経が優位になる深呼吸をしてみるといいでしょう。そのとき、だいたい1分間に4回~6回の呼吸を意識し、ひと呼吸10秒~15秒くらいかけることがポイントです。吐くときに時間をかけるイメージで、4秒かけて鼻から息を吸ったら、8秒ほどかけてゆっくり吐きます。それを2~3回くらい繰り返すと、副交感神経が優位になって、心が落ち着いて余計な怒りが抜けていきます。時間のかかることではないので、イライラしたときや、ムシャクシャするときなどに、あえて時間をとって深く呼吸をするのがおすすめです。

とくに、感情的になってしまいがちな人や、怒りをためるクセのある人には効果的なので、落ち着いて対応することを心がけてみてください。意識していくと習慣にすることができ、イライラすることが少なくなっていきますよ。

OKORANAI

16

100

手元にあるものを観察する

怒りが長引くタイプの人は、過去や未来に思考が飛んでしまいがちです。過去の出来事を思い出して怒りがこみ上げてきたり、いつか仕返しすることを考えて、よからぬ未来をイメージしたりします。過去や未来に思考が飛んでいる自分に気がついたら、手元にあるものに意識を向けるようにしましょう。

たとえば、ペンやスマートフォン、パソコンなど、なんでもOKです。そこに意識を傾けて観察すると、意識が「いま、ここ」に向き、目の前にあることに集中できるので、余計なことを考えなくなります。そうすることで、怒りに振り回されなくなりますし、怒りを大きくしないですむのです。

強い怒りで感情をコントロールできなくなりそうになったり、過去の怒りを思い出して怒りがわき上がってきて、よからぬ未来を想像したりしてしまうようなときに、ぜひ取り組んでみてください。イライラする気持ちを切り替えるのがラクになりますよ。

OKORANAI

17

100

自分を勇気づける言葉を用意する

カチンとくることがあったとき、気持ちがプラスになる言葉で、怒りを吹き飛ばすという方法もあります。自分を勇気づけるフレーズを事前に用意し、怒りを感じたときに、それを唱えるのです。

たとえば、姑が掃除の仕方を細かく指示してきたり、職場の先輩が仕事の取り組み方を細かく押しつけてきてイラッとしたり、うるさく感じてしまったりするときなど、気持ちを切り替えたい場合におすすめです。

自分を勇気づける言葉としては、「これも成長できるチャンスだ」「こういう経験も、きっと次につながるよ」「昨日よりももっとよくなっていける」などを、心のなかで唱えてみてください。イラッとくる程度によって、言葉を変えてもいいでしょう。

一瞬で自分を勇気づけられるような言葉を用意しておくと、日常のなかですぐに活かすことができますね。

OKORANAI

18

100

鏡を見て口角を上げる

イライラしているときは、表情がかたくなりやすく、顔もこわばってしまいます。

そんなときは、口角を上げてみてください。つくり笑いをするだけで、副交感神経の働きがアップして自律神経が整い、リラックスできるのだそうです。感情よりも先に表情を変えることで、副交感神経が優位に働き、落ち着きをとり戻せると言います。

ある50代の管理職の男性が、娘さんに「お父さん、お顔が怖いよ」と言われて鏡で自分の顔を見ると、「不機嫌そうだな」とショックを受けたとのこと。それから、笑顔の練習を続け、職場でも意識するように徹底したところ、いままで以上に部下が声をかけてくれて、相談される回数も増え、会話をしている部下の表情も柔らかくなったと言います。表情ひとつで、相手の反応はこれほどまでに変わるのですね。

イライラしたときに、簡単にできるリセット方法として、口角を上げることも習慣にするといいでしょう。

OKORANAI

19

100

怒りのキャラクターをつくる

怒りの感情が扱いづらい要因のひとつは、目に見えない、つかみどころがないというところです。アンガーマネジメントの子ども向けのプログラムでは、怒りの感情を絵に描いてもらうことがあります。人によって、論理的にものを考える左脳タイプと、直感的な右脳タイプに分けられますが、右脳型の人にも絵を描くアプローチに取り組んでもらうことがあります。

怒りを感じたら、子どもに限らず「いまのわたしの怒りは……」とイメージして、怒りを可視化してみるのもいいかもしれません。怒りは、どんな形？　大きさは？　色は？　動いている？　止まっている？　触ったらどんな肌触り？　温度は？　熱い？　冷たい？

このようにイメージをふくらませて、怒りのキャラクターを描いてみましょう。描くことによって怒りの映像が、より頭に浮かびやすくなります。名前をつけてみてもいいですね。ぜひ、取り組んでみてください。

OKORANAI

20

100

どうにもならないことは手放す

自分が何か行動や働きかけをしても、どうにもならないことも多々あります。家族を含め、自分以外の人の性格、価値観、行動など、「どうしてこうなるの？」と思い続けても現状はどうにもならず、自分の怒りとストレスがたまるだけです。「あきらめる」という判断もあるということを、知っておいてください。

「あきらめる」をネガティブな意味にとらえる人もいますが、決してそうではなく「明らかにして見極める」という意味もあるのです。どうにもならないことにとらわれて立ち止まり、イライラした状態で時間を費やすのはもったいないことです。気分転換になるような、「やってみたかったこと」をしてみましょう。

たとえば、自然を眺めつつ散歩をする、お茶を飲みながら絵本を読んでみることなど、なんでもいいので行動してみてください。どうにもならないことを手放すと、前に進んで行けますよ。

OKORANAI

21

100

「なんとかなる！」を合言葉に

怒りがわいて、「どうしよう……！　なんでこんなことに⁉」と思えば思うほど、冷静に考えられなくなるという経験をしたことはありませんか？

予想外のことが起こったり、うまくいかないことが重なったりして、「もー！　どうしてこんなことになるの⁉」とパニック状態に陥ると、物事はますますうまくいかなくなってしまいます。そんなときは、「なんとかなる！　落ち着いて」と、深呼吸をしながら自分に言い聞かせるようにしましょう。

たとえば「どうすれば、うまくいくようになるかな」といった、気持ちをリセットするような言葉を持っておくことをおすすめします。「なんとかなる」と思っていたほうが、結果的になんとかなる案が浮かんできたりするものです。ゆっくり深呼吸することを意識して、「さぁ、どうすればいい？」と考えるようにしているうちに、あとから心もついてきますよ。怒りがわいたら、ぜひ「なんとかなる！」とつぶやいてみてください。

OKORANAI

22

100

できていることに目を向ける

自分にイライラしがちな人は、自分に対しての期待値が高く、親や教育者に、周囲と比較されながら育てられてきたという背景を持っていることがあります。

このタイプの人は、「できることは当たり前。できないことは、もっとこうあるべき」と考えてしまいがちですが、この考え方を続けていると、どんどん苦しくなってしまいます。「わたしは全然できていない」「この人と比べて、わたしは足りていない」というのも、思い込みかもしれません。比べている相手よりできていることが、きっとどこかにあるはずです。

「ここの部分については、わたしはできている」「これはまだ完璧にはできないけれど、7割ぐらいできていれば『まぁ、いいか』」と思えるものを見つけましょう。

どんな人でも完全体ではありません。自分ができていることに目を向けていけたら、「こうあるべき」という思い込みも、ゆるんでいくはずですよ。

OKORANAI

23

100

意識してため息をついてみる

ため息には、あまりいいイメージがないかもしれませんが、じつは悪いものではありません。日常の疲れや悩みがたまっていくとイライラしがちになり、呼吸が浅くなって身体が酸素不足の状態になりかねません。さらに、お腹や胸の筋肉が緊張して、身体がカチコチに硬くなってしまいます。じつは、「ため息」には、こわばりをゆるめ、自律神経を整える効果があると言われているのです。

ストレスがたまってイライラしているときこそ、ため息をついてみてください。思いきりため息をつくと、全身の力が抜けて、緊張がゆるんでいきます。

息をフーッと吐き出すのがおすすめです。

自宅でもいいですし、職場でまわりに人がたくさんいる場ではなく、人目のないところ、たとえばトイレの個室などでため息をついてみるのもいいですね。

いつでも手軽にできるので、意識的に試してみてください。

OKORANAI

24

100

いつものパターンをあえて変える

日頃、無意識に繰り返している行動パターンや習慣はありませんか？

このパターンが崩れていつも通りにならないと、ストレスを感じたり、イラッとしたりする人がいます。

このような変化に柔軟に対応できるよう、いつものパターンを意識的に変えてみませんか？　たとえば電車に乗るとき、乗り込む車両や駅までの経路を普段と変えてみる。行きつけのカフェで選んだことのないものをオーダーしてみる。朝起きたら決まって観ているテレビ番組を変えてみる。

このように、意識していつものパターンを変えることで、変化に柔軟に対応しやすくなるのです。すべてを変える必要はなく、できそうなことからひとつずつでかまいません。パターンを変えることを意識できるようになれば、悪い習慣を変えられる自分にもなれます。たとえば、同じ相手に同じ言葉で怒ってしまうことや、望ましくない振る舞いをしてしまうことも、意識して変えられるようになりますよ。

OKORANAI

25 - 51

100

3章

怒りにくい体質になる習慣

OKORANAI

25

100

安心できる居場所を持つ

自分にとって安心できる居場所を持っておくことは、とても大切です。

自然体でいられて、そんな自分を受け入れてくれる仲間がいる場所があることは、ありがたいことですね。

そこで、日々の忙しさも忘れて、集中できる趣味に没頭することも、ストレス解消になるでしょう。安心できる場所が心の支えになり、ゆとりも生まれます。ストレスを感じることやイライラすることがあっても、この居場所があることで、救われるような気持ちになることもあるのではないでしょうか。職場や学校だけでなく、家族や親友のいる場、趣味のサークル、学びの集まり、町内会など、何らかのコミュニティに所属して、「ここはわたしの居場所だ」と感じられるといいですね。

もし、安心できるコミュニティを持っていないようであれば、ぜひ探してみてください。きっと自分に合う居場所が見つかり、思った以上に心の安心を得られるでしょう。

OKORANAI

26

100

有酸素運動をする

心の平安を保つためには、適度な運動が役立ちます。怒りを感じたりイライラしたりしたときに、有酸素運動やストレッチを取り入れたりすることで、イライラしにくい体質にすることができるのです。

激しい運動には、リラックス効果は期待できませんが、疲れすぎない運動をすることで、健康的にストレスを発散することができます。ウォーキングや水泳などの有酸素運動を、一定時間続けることで、ストレスをやわらげる効果のある「エンドルフィン」や、しあわせホルモンと言われる「セロトニン」が脳から放出され、イライラしにくい体質をつくることができるのです。

反対に、やけ酒、やけ食い、2時間以上のネットサーフィン、ゲーム、ギャンブル、タバコなどは、一時的にストレス発散になるかもしれませんが、依存性が高くなってしまうので、ストレス解消にはおすすめできません。ぜひ、心身をリラックスさせる効果が期待できる、有酸素運動を習慣にしてみてください。

OKORANAI

27

100

理想の未来を想像する

怒りがわいておさまらないとき、その怒りのもとでもある問題が、すべて解決したゴールを思い描くと、気持ちも上向きになるという方法があります。怒りを感じたとき、そのことで頭がいっぱいになって悶々としてしまいがちな人や、「いつか仕返しをしてやりたい」と考えてしまうような人におすすめです。理想の未来を想像することで、怒りの気持ちから離れられることや、しあわせな気持ちがわいてくる効果があります。目指すゴールがわかることからも、発展的に気持ちを切り替えることができるでしょう。

怒りの問題が解決したところをイメージするコツは、「こうなったらうれしいな！」というシーンをたくさん思い描くことや、望んでいることを、より具体的に想像すること。そうすることで、叶いやすくなるのです。なかなかイメージできないときには、好きなアロマを取り入れたり、ホットアイマスクを着用したりして、五感をリラックスさせると効果がありますよ。

OKORANAI

28

100

気分転換メニューをつくる

悲しい、寂しい、というマイナス感情を抱えているときや疲れているときなどはイライラしがちになります。

そのようなときに行うメニューを持っておくのがおすすめです。落ち込み具合がひどいときはこうする、といったように、気分転換をしたいストレスの度合いによってメニューを決めておきましょう。

もうひとつおすすめなのは、10分でできること、30分でできること、1時間でできること、半日、1日と、時間を分けてメニューをつくり、書き出して用意することです。ドライブ、マッサージ、スポーツ観戦、映画鑑賞、アロマテラピーなどがよく候補にあがります。1駅分ウォーキングをする、好きな動画を観る、おいしいコーヒーを淹れる、家で料理をする、ストレッチをするなどもいいですね。複数用意してみましょう。

いざというとき、すぐに取り組めるように、気分転換メニューを設けておきませんか?

OKORANAI

29

100

睡眠を大切にする

睡眠時間をしっかりとることは、ストレスをためないためにも大切です。6〜7時間とれるといいでしょう。睡眠不足時には感情のコントロールがしづらくなり、情緒不安定になったり、イライラしがちになったりすると言われています。睡眠の質を上げるには、夜寝る前にスマートフォンの画面を見ることや、パソコンをギリギリまで使うことなどは、脳が興奮状態になって休まらないため、できれば避けたほうがいいですね。

また、体温を下げることも質のいい眠りにつくために大切です。寝る直前に熱いお風呂に入らないようにしたり、コーヒーをはじめとするカフェインを含むものを飲まないようにしたりすることなども、意識するといいでしょう。

肌触りのいいシーツや枕をあえて選んでみることや、質のいいパジャマを身につけること、アロマオイルのいい香りに包まれて眠るといったことも、寝つきがよくなるので、取り入れたいアイデアです。

OKORANAI

30

100

寝る前によかったことを思い浮かべる

夜寝る前に、昼間の出来事を思い出して、眠れなくなってしまうことはありませんか？そういったときには、あえてイライラにフォーカスしないように意識を逸らすようにしましょう。たとえば、人に感謝されたことや、言われてうれしかったことなどを思い浮かべることはおすすめです。そうすることで、寝つきがよくなり、気持ちよく目覚めることもできます。

そうは言っても、怒りを思い出してしまったときに、突然いいことを思い浮かべるのは難しいかもしれません。まずは、日頃からよかったことやうれしかったことを、メモなどに書き出しておくと、忘れなくてすむのでいいですね。そして、寝る前に書き出したことを、思い出すようにしてみてください。イライラしているときは、交感神経がたかぶっている状態です。ぐっすり眠るには、ブレーキになる副交感神経を優位にするよう、心と身体をリラックスさせてあげましょう。

OKORANAI

31

100

不安を書き出す

不安な日々を送り、イライラしがちになるという人もいます。不安は、これから起こりうる出来事や未来に対して心配してしまうときに生まれる感情です。視点を変えれば、こうした不安があるからこそ、未来に起こりうるリスクへの対処を考えることができます。不安を具体的に書き出すことで、対処を考え、自分で適切な行動を選択できるようにもなるのです。

たとえば「明日地震が起きたらどうしよう」と思ったとします。地震が起こることは、自分でコントロールできることではありません。非常用の食料をはじめ必要なものをそろえておくことや、家族間の連絡方法を決めておくことなど、できる備えをしておくようにします。

このように、自分ではどうにもできないことは受け入れて、ダメージを最小限に抑えるために可能な対処を考え、行動できるようにしましょう。

ぜひ、不安に感じることを書き出すのを習慣にしてみてくださいね。

OKORANAI

32

100

スモールステップの計画を立てる

何か行動しようとしたときに、がんばらなければいけない行動計画を立てると、挫折しがちです。その行動ができなかったときに、さらに落ち込む可能性もあります。何かを改善したいときや、何かをはじめようとするときに、新たなことをするとエネルギーを使います。ですから、まずは0・01歩くらい踏み出せばできるのではないか……という行動計画でいいでしょう。

たとえば、日頃、人に対して「なんで?」と怒って問い詰めるような言い方をしてしまうとしたら、「なんで?」ではなく「どうすれば……」という改善に向けた言葉に変えることを、とりあえず1週間意識してみるのもいいでしょう。

また、ダイエットをするときに、急に1週間で2キロ減らそうとするとハードルが高くなるため、まずは、おやつを1回抜いてみることから、スタートしてみてはいかがでしょうか。最初からすべてを変えようとしなくてもいいので、スモールステップを重ねていきましょう。

OKORANAI

33

100

サクセスログをつける

日々の生活のなかでは、怒りを感じてイライラすることばかりでなく、うれしかったことやうまくいったこともたくさんあるでしょう。そんな、しあわせだと感じられることや、うまくいったことを記録することを、サクセスログと言います。

サクセスログに取り組むと、メモするたびにしあわせな気持ちがわいてくるので、自然とプラス面に目を向けられる体質になっていきます。

職場で話したことがない人に挨拶をしたら笑顔で返してくれた、早起きしたら朝日が気持ちよかった、今日の目玉焼きはうまく焼けた……など、小さなことでいいのです。書き留めることを習慣にしましょう。記録することで、自分に自信を持つことができ、いいことに目を向けられるようになったり、小さなことでもしあわせだと感じられるようになったりします。

習慣化するうちに、怒りにくい体質になるといった効果が期待できるので、ぜひ、取り組んでみてください。

OKORANAI

34

100

アンガーログをつける

アンガーログは、どんなことに怒りを感じたのかを記録するという、アンガーマネジメントの基本となる取り組みです。たとえば「歩きスマホをしている人にぶつかられ、イラッとした」というように、怒りを感じたことを書き留めます。専用のノートをつくったり、スケジュール帳に書き込んだりするほか、スマートフォンのメモ機能などを活用すると、続けやすいのでおすすめです。

書き方は、その場で直感的に書く、怒りを感じるたびに書く、その場では分析しない、といったことがポイントになります。何に怒りを感じたのかを明確にしたいため、ただ「ムカつく」や「バカやろう」という言葉だけ書くとか、グチやうらみごとを書いたりするのはやめましょう。アンガーログをつけると、書くという行動でクールダウンできるほか、どんなことに怒りがわくのか、傾向や特徴も見えてきます。自分がどんなことで怒りを感じるのか、怒りのもとである「こうあるべき」がわかるようになるという効果もあるので、ぜひ取り組んでみてください。

OKORANAI

35

100

べきログをつける

怒りは、自分の理想や願望、ゆずれない価値観を象徴する「べき」がその通りにならないときにわいてくる感情です。べきログで、怒りのもと（原因）になる「べき」を書き出すことで、自分がどんな「べき」を持っているのかがわかるようになります。

まずはアンガーログ（88頁）から、「べき」を見つけて書き出しましょう。その後、それらについて一つひとつ、①から⑩までの10段階評価で、重要度を数字で書いていきます。①は重要度が低いほう、⑩は高いほうです。自分にはどのような「べき」があり、何を重要視しているかが客観的にとらえられるようになります。

たとえば、「人に何かしてもらったときは、ありがとうと言うべき⑤」「歩きスマホはするべきではない③」と書いてみてください。

自分の「べき」を知っておくことで、いざイラッとしたときに、冷静に対処しやすくなり、怒りの感情とうまくつき合えるようになるでしょう。

5
6
7
8
9
10
4
3
1
2

OKORANAI

36

100

「ま、いいか」の範囲をゆるめる

怒りを感じたときに、0か100か、OKかNGかのどちらかではなく、多少イラッとはするけれど、「ま、いいか」という領域を設けることは大切です。

100%OKでなければいけないという、自分のこだわりが強くなりすぎると、強い分だけ許容範囲が狭くなり、当てはまらないことが多く出てきて、イライラすることも増えます。

100%OKではなくても、せめてこうだったらいいことにする、最低限ここまでならOKにするという、「ま、いいか」と思える許容範囲を少しゆるめていくといいでしょう。「イラッとはするけれど、まぁいいか……」「望む通りではないけれど、ここまでならいいかな」というゆるめた範囲を設けたほうが、無駄にイライラしづらくなるのです。

怒りを感じて、つい許せないような気持ちになったとき、いったん冷静になって、「これは、本当に許せないことかな？」などと考えてみるのもいいかもしれません。

OKORANAI

37

100

できることに目を向ける

イライラして頭にくるけれど、そもそも自分の力ではどうにもならない、コントロールできないものが世の中には多々あります。

たとえば、天気、気温、自然災害、電車や車の遅延、組織の制度、人事に関わることや世の中の政治に関わることも、変えることは難しいでしょう。それらに対して、「なんでこうなるの？」「なんとかならないのか！」と思い続けていても、どんどんイライラが増して怒りが大きくなるだけで、なんの解決にもなりません。

現状は何も変わらないなかで、自分が行動することで変えられる（コントロールできる）ことには取り組み、変えられないことは、自分の力ではどうにもならないと割り切るようにするのが得策です。

怒りを感じることが多い場合は、コントロールできることとできないことを、紙に書き出して振り分けてみてもいいでしょう。

イライラしないために、できることに目を向けたほうが建設的ですね。

OKORANAI

38

100

ずっと気にかけるべきことなのか考えてみる

イライラすること、怒りを感じることは、そもそも自分にとって重要なのか、たいして重要ではないのかを仕分けすることは大切です。よく考えてみると、たいして重要でもなく、しかも、どうにもならないことを、ずっと気にかけてイライラし続けていた……ということもあるでしょう。

たとえば、ホームで電車を待っていたら割り込まれた、電車内でマナー違反をされたといった場合（2席分とっているなど）、注意できる相手でもありませんし、これから関わる人でもありません。

もし、どうでもいいことではなく、重要なことの場合、何か行動すれば変えられるのであれば考えて、すぐにそのための行動をとる。重要だけれどコントロールできないことであれば、これ以上イライラしないためには、どんなことに取り組んだらいいかに意識を向けて、そのための行動を選択する。

この判断を心がけましょう。

OKORANAI

39

100

人をジャッジしない

人は、つい他人のことをジャッジしてしまいがちです。

人をジャッジすると、この人はいい人、悪い人、この人は自分に合う、合わない、そういった0か100かのような二極で決めてしまいます。そうしていると、人づき合いが苦しくなってしまうでしょう。人それぞれ長所もあれば短所もあるのは、当然のこと。

ある程度、人に対してゆとりを持っていないと、いいか悪いか、合うか合わないか、好きか嫌いかということに、とらわれてしまうのではないでしょうか。

人はどちらかというと、いいところよりも不完全なところに目を向けがちです。

それによって、人のストレスの最大要因となる人間関係の悩みにつながりやすくなってしまいます。人のいいところに目を向けるようにすると怒りの感情も減り、ジャッジする気持ちがなくなっていくかもしれません。

人をジャッジするクセをやめるだけでも、心がラクになりますよ。試してみてください。

OKORANAI

40

100

「当たり前」を見直す

自分にとって、これが普通、常識、当たり前と思い込んでいることはありませんか？人はそれぞれにさまざまな価値観を持っているので、当然、自分の当たり前と他人の当たり前は同じことばかりではありません。「自分の当たり前の基準が正しい」と信じすぎていると、その通りの結果にならなかったときに、ついイライラしてしまいます。

自分の勝手な思い込みを相手に押しつけることで、相手との関係がギクシャクして、さらに腹立たしくなってしまうこともあるでしょう。

人は違うところがあって当たり前。完全に同じ考えの人は、存在しません。

「当たり前」や「当然」「常識」といった言葉が浮かんできたときには、ふと立ち止まって、「わたしにとっては当たり前だけど、もしかしたら、そうではない人もいるかもしれない」と考えるゆとりを持ってみてください。

柔軟に自分の「当たり前」を見直していけるといいですね。

OKORANAI

41

100

「それはそれ」を合言葉に

脳は変化を嫌うものです。

そのため、「いままで通りの行動や、考えや、価値観でいい」「違うものの見方をするのはとてもエネルギーを使うから、変わるのは嫌だ」と思ってしまう傾向があります。

もし、「またうまくいかないかもしれない……」「前にうまく言えなかったから、今度もうまく言えないかも……」といったネガティブな思考が浮かんできて、一歩踏み出せない自分にイライラしたら、次のように考えてみてください。

「いま、そういう考えがわたしの頭のなかに浮かんだけれど、まぁそれはそれ」「前はそうだったけれど、次は違うかもしれない」「そうは言っても、やってみよう」。

ネガティブな気持ちがぐるぐるしたら、「まぁそれはそれ」と、自分の思い込みを打ち消していきましょう。言葉の力で、脳も変わります。一つひとつ向き合っていくことで、気持ちがスッと落ち着くのを感じられるようになりますよ。

OKORANAI

42

100

いい人を演じない

いろいろな人から頼まれごとをされると、断ることができず、つい引き受けてしまう……。そんな自分を責めてしまう……。こんな経験をしたことはありませんか？

キツいと感じても、「頼りにされているし、わたしがやらないと誰もやらないから……」と引き受ける心理の裏には、断ることで「自分の評価が下がるのではないか」「周囲との関係が悪くなるのではないか」という気持ちが働いて、いい人を演じている場合もあるのではないでしょうか。

でもそれは、自分がつくり出した思い込みかもしれません。

断っても自分の評価が下がるとは限りませんし、断ることでかならずしも関係が悪くなるとは言えないはずです。「なんで引き受けてしまったんだろう……」という思いが、「役に立ててよかった」という気持ちを上回るのであれば、精神的にもいいことはありません。

協力することと、いいように使われることは違います。

いい人を演じることはやめて、勇気を持って断ることも意識していけるといいですね。

OKORANAI

43

100

涙を流す時間を持つ

大人になるにつれ、まわりの状況や人の目を気にして、悲しい気持ちを我慢してしまうこともあるのではないでしょうか。その我慢が重なってストレスとなり、ある日堪えきれなくて「どうしてこんなことに！」と怒りとなってあふれてしまうこともあります。

日々、懸命に生きていれば、悲しい気持ちになることや寂しい気持ちになることは自然なことです。ですから、無理に抑える必要はありません。

悲しい、寂しい、つらいといった気持ちは、うれしい、楽しいという喜びの気持ちと同じくらい、大切な感情です。見ないことにしていると、心のなかが空白になり、またどこかで悲しさがあふれてしまうことも……。

あふれる悲しみが抑えきれず、泣いてしまってもいいのです。おかしいことも、みっともないこともありません。心のなかにある自分の悲しい気持ちを素直に認め、こっそりとでもいいので、ひとりで涙を流す時間を持ちましょう。

OKORANAI

44

100

語彙力を鍛える

日本アンガーマネジメント協会では、体罰を加えた先生を対象に、アンケートをとったことがあります。

このとき「あなたはなぜ体罰をしたのでしょうか？」という質問に対して、「つい、カッとなって」「言葉が出てこなかったから」という回答が多くあげられました。言葉が出てこなかったから、ついとっさに暴力的な行為をとってしまった……。

これは、「つい……」ではすまなくなるかもしれません。

怒りを感じたとき、自分の思っていることがもどかしくて言えなかったり、言葉が出てこなかったりすると、人は攻撃的になりがちです。「自分がどういう気持ちで、本当はどうしたかったのか」「何をわかってほしかったのか」といったことを、自分の言葉で伝えられるように鍛えていく必要があるのです。

日頃から、語彙力、表現力の引き出しを増やすことを意識してみませんか？

OKORANAI

45

100

境界線をつくる

機嫌がいいときと悪いときで、言うことや態度が変わってしまうことはありませんか？

たとえば、機嫌がいいときには、パートナーが脱ぎ散らかした服を片づけるのに、機嫌が悪いときには、「どうしてこんなところに、服を脱ぎっぱなしにしているの⁉」と相手に怒鳴ってしまうということはないでしょうか？

こちらの気分でコロコロと言うことを変えていると、相手は顔色をうかがうだけになり、肝心の「脱いだ服をカゴに入れてほしい」というこちらの意図が伝わらなくなってしまうでしょう。

気分によって言うことを変えないようにするには、怒ることと怒らないことの境界線を決めておくことです。

1回伝えるだけで相手がすぐに行動するなら、多少イラッとしても◯とする。3回言っても改善されない場合は×。このように、境界線を引いておくことで、×のとき以外には許せるようになり、イライラすることが減ってくるのを感じられますよ。

OKORANAI

46

100

成功体験を思い出す

落ち込んだときや、イライラしたとき、過去の成功体験を思い出して再体験すると、前向きな気持ちになります。過去を再体験することで、これからうまくいくことをイメージできるのです。過去を振り返るときには、「そのときの感情は？」「身体の変化は？」「見えていたものは？」と五感を使って、詳しく当時の瞬間を思い出すといいでしょう。

長時間の出来事ではなく「その瞬間」の出来事を思い出すと、自分をいい状態にすることができます。

たとえば、「今日一日の仕事がうまくいった」と思い浮かべるよりも、「仕事の結果報告を仲間に伝えたら、『よかったね！』『すごいね！』と言われてうれしかった！」と具体的に振り返るのが効果的です。

ポイントは、感情を味わえた瞬間を思い浮かべることです。いい気分になった心境を思い出せると、より前向きで晴れやかな気持ちになれるでしょう。

怒りがわいたときだけでなく、一日の終わりに思い出すようにするのがおすすめです。

OKORANAI

47

100

3つの「D」をやめる

「でも」「だって」「どうせ」というフレーズを使っていると、後ろ向きな印象を受けます。これらの言葉を口にしている人に、残念ながらしあわせそうな人はいません。

無意識に使っていると、ネガティブな人や状況を引き寄せてしまう、「残念な言葉」とも言えるでしょう。

「でも」「だって」という言葉は、心のなかで、「自分が正しい」と思い込んでいるときや、相手の言い分が正しいとわかっているのに、認めたくないというときに、つい出てきてしまう言葉です。「どうせ」という言葉は、一見謙虚にも聞こえますが、その裏には、過去の失敗を抱えたまま、新たなチャレンジをする意欲がないという姿勢が潜んでいます。

これらの「残念フレーズ」は、あなたのまわりからポジティブな人を遠ざけ、あなた自身を「残念な人」にしてしまうので要注意です。

何気なく使っているひと言であなたの評判を落としていないか、日頃から注意してみてくださいね。

OKORANAI

48

100

言葉と態度を一致させる

コミュニケーションをとるうえでは、どんな言葉で伝えるのかも大切ですが、それをどんな表情や態度、どのような言い方で表現するのかということも重要です。

とくに対面で話をする際に「表情や態度」が一致していなければ、相手はどう受けとめていいのか戸惑ってしまいます。

たとえば、相手から「怒ってる？」と聞かれたとき、内心は怒りを感じているのに、拗ねたように怒った表情で「怒ってないから！」と強い口調で言う人を見たら、どう思いますか？　いくら言葉で怒っていないと言ったとしても、表情や態度からのメッセージを受け取り、戸惑ったり、面倒くさい……と思ったりするかもしれません。

まずは、自分の言葉と表情、態度が不一致になっていないか、見直してみてください。

自分が本当に伝えたいこと、思っていることと、相手から見た言動が一致していくことで、自分もまわりの人も、コミュニケーションがどんどんラクになっていくでしょう。

OKORANAI

49

100

返答フレーズを用意しておく

人からほめられたときに、素直に受け取ることができずに、へりくだってしまったことはありませんか？　もし思い当たる人は、自己受容度が低いタイプかもしれません。謙遜のつもりでも、あまりにへりくだってしまうと、ほめた相手にも気を遣わせてしまいます。謙遜しすぎることで、相手も気を遣い、言わなくなってしまうかもしれません。

ほめられることに慣れておらず、どう対応したらいいのかわからない場合は、まずは相手に「ありがとうございます」と伝えることからはじめるといいですよ。とっさにほめられて返答に困ってしまうようなときにも応えられるように、返答フレーズを用意しておくのもおすすめです。

たとえば、「あまり言われ慣れていないので、恥ずかしいです」「未熟ですが、そんなふうに言ってもらえてうれしいです」というように、素直な気持ちを言葉にできると好感を与えられるでしょう。「怒り」とは直接関係ないように思えますが、日頃から人間関係をよくしておくことが、不要な怒りがわかない鍵にもなります。

OKORANAI

50

100

「なんか嫌……」を分解する

「相手に対して、何もかも嫌だと感じてうんざりしてしまう……」。こういった経験をしたことがある人もいるでしょう。イライラすることが増えると、だんだん何が嫌だったのか、自分でわからなくなってしまうこともあるのではないでしょうか。

じつは、何が嫌だったのかを紐解いていくと、相手が仕事中にペンをまわしたり、貧乏ゆすりをしたり、「なんとなく気になってしまう」程度であることも少なくありません。このように「何もかもが腹立たしい」という感情が、自分の思い込みである可能性もあるのです。冷静に考えてみると、「すべてが100％腹立たしいことばかりではない」と気づけるでしょう。

「何もかもが嫌だ！」と思ったときには、相手の何が嫌なのかを洗い出し、絶対になんとかしたいこと、そうでもないことを振り分けて、なんとかしたいことだけに対策をとるようにしましょう。それだけでも、かなり落ち着いてくるはずですよ。

OKORANAI

51

100

頭に映像を描く

誰かから許せないことをされたとき、心に深く残るものです。

ネガティブな感情がフツフツとわき出してしまったときには、「その状況でいる自分が、本当に望ましいのか？」と考えてみてください。

今後もつき合っていきたい相手なら、「そのときつらかったこと」よりも「どのような関係でいたいか」というほうに、意識を向けましょう。これからも悶々と怒りを思い出して、そのたびに嫌な思いをするよりも、自分にとって望ましい未来に目を向けるトレーニングをしてください。

望ましい未来を意識するトレーニングをするには、頭のなかに映像として描くことです。ネガティブなことが思い出されたときには、「目指す未来はここ」と軌道修正して、訓練しましょう。1回でうまくいくものではありません。何回も「これではない」と思い描くことが大切です。

許せない人がいるときほど、望む未来を思い描くことを心がけましょう。

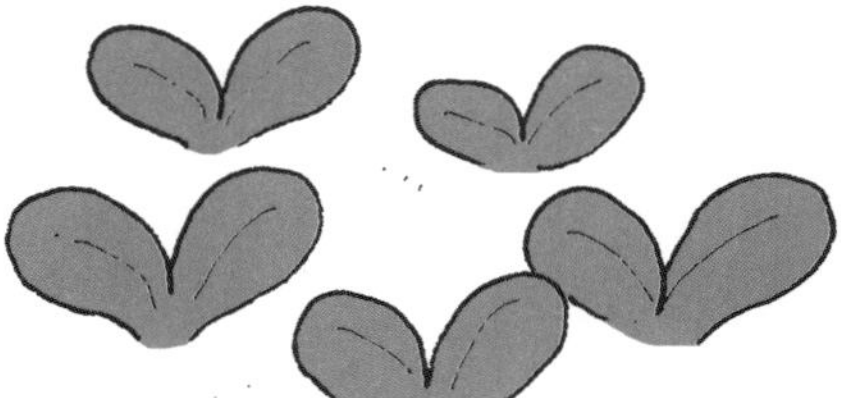

OKORANAI
52 - 79
100

4 章

人間関係での怒りが軽くなる習慣

OKORANAI

52

100

「で」ではなく、「を」伝える

感情的になることと、わかってほしい感情を伝えることは意味が違います。

怒りを感じたときに感情的になると、わかってほしいことが相手に伝わりません。反対に、自分がどう感じたのか、どうしてほしいのか、感情を伝えることは、相手といい関係を築くためにとても大切なことです。

たとえば、「なんで約束を破るのかな！　信じられない！」「そんなことを言うなんて最低！」と言われるよりも、「楽しみにしていた約束を破られて、とても悲しかった」「○○と言われて、ショックだった」と言われたほうが、相手の素直な感情が伝わってきませんか？　本当にいい関係とは、怒りなどのネガティブな感情やわかってほしいこと、感じたことを、伝えられる間柄になることではないでしょうか。

「悲しかった」「困った」「不安を覚えている」「寂しい」など、抱いた感情を、感情的にならずに伝えることを心がけるといいですね。

OKORANAI

53

100

マウンティングはスルー

相手よりも優位に立とうとして、マウンティングをしてくる人がいますね。

じつは、マウンティングは、自分に自信がないからしてしまう行為だということをご存じですか？　他人を見下し、自分が優位に立つことでしか自信を保てない人なのです。

そうとらえると「なんだか、寂しい人だな……」と感じませんか？

頭にくることもありますが、マウンティングされたときに一番いいのは、相手にしないこと。落ち込んだり、イラッとしたりして、いちいち反応するほうが、相手の思うツボにはまってしまうので、適度な距離をとって、積極的に接点を持たないようにするのが得策です。

マウンティングしてくる人とは、同じ土俵に立たないこと、わざわざ相手にしないことが、相手に一番ダメージを与える対処法になるのです。

スルーしているうちに、だんだん気にならなくなっていきますよ。

OKORANAI

54

100

他人の怒りをもらわない

目の前の相手の怒りが強いとき、動揺してしまって、冷静ではいられなくなることはありませんか？

相手の怒りに引っ張られて、場が険悪な雰囲気になってしまうことや、こちらまでイライラしてしまうこともあるのではないでしょうか。

ところが、コミュニケーション上手な人は、自分の怒りにも相手の怒りにも振り回されません。相手がどんなに感情的になっても、こちらの言いたいことを冷静に伝えられると、感情的な行き違いや後味の悪い結末を避けることができます。

相手が怒りをぶつけてきたら、まずは、相手の怒りをいったん受けとめてから対応するようにしましょう。相手の言い分に耳を傾けて、事実と思い込みを分類するのです。

事実に対しては耳を傾け、思い込みに対しては、「これは思い込みだな」と心のなかでつぶやきながら聞き流すのが得策です。事実と感情を分けるクセをつけ、冷静に対応するようにしましょう。

OKORANAI

55

100

スルー力を身につける

「ママ友からプライベートのことを根ほり葉ほり聞かれて、困ってしまう……」

ママ友に限ったことではありませんが、こういった相談を多く受けます。なかには、夫の職業や年収、学歴など、かなり踏み込んだことを聞かれるケースも。

あれこれ聞かれると、「しつこいな！」「これ以上踏み込んでこないでほしい」と怒りがわくこともあるでしょう。

ママ友の場合、子どものことがあるので、その後のつき合いも考えて、揉めたくないと思う人も多いでしょう。「そんなこと聞かないでよ！」と感情的に反論して、あとで面倒なことになる場合も多いので、うまくかわすのもひとつの方法です。関係性にもよりますが、話したくないことを聞かれたときは、「わたしのそんな話なんて、どうでもいいよ」と、軽くかわすくらいでもいいかもしれません。コミュニケーションは、ときには受け流す、かわすというのもあっていいことです。人間関係の摩擦を防ぐためにも、スルー力を身につけていきましょう。

OKORANAI

56

100

苦手な人がいてもよし

人には、誰でも苦手なタイプがいるものです。

プライベートの人間関係の場合、気の進まない人といやいやつき合う必要はありません。無理に関係性を保とうとして、ストレスをためるほうが問題です。

ただ、仕事の場合はそうはいきませんよね。もし職場に苦手な人がいるときには、円滑に仕事を進めるために、挨拶をすることや報告・連絡・相談をすること、連絡を漏らさないこと、メールの返信を適切にすることなど、最低限必要なコミュニケーションだけをとるようにしましょう。それさえしていれば、仲よくなろうとまではしなくていいのではないでしょうか。

ストレスをためてまで、みんなから好かれようとすることはありません。苦手な人がいてもよしとする考えを持ちましょう。ストレスをためて相手に怒りをぶつけることや、イライラを撒き散らすことがないように、心のなかでうまくスルーできるように努めれば、それでいいのです。

OKORANAI

57

100

ときには「NO」を言う

「NO」と言うことに対して、苦手意識を持つ人がいます。「NO」という言葉は、相手と対決する言葉ではありません。「NO」と言ったら嫌われる。関係が悪くなる。ギクシャクする。場の空気が悪くなる……。これらはよく人が抱いている思い込みで、事実ではありません。断ることができずに、あれこれと引き受けたことで、あとで悔やむくらいなら、「NO」の言い方を考えて、伝えるチャレンジをしたほうが賢明です。ではどうすればいいでしょうか。

何かを断るときは、ただ「できません」「ダメです」という言い方では角が立つので、ソフトに伝える配慮をしましょう。「お誘いありがとう。ごめんなさい。ほかに予定が入っていて参加できないの」「申し訳ありません。いま○○を抱えていてお引き受けできない状況なのです」。誘いに対して、まずお礼を伝えることや、NOの事情を伝えたり代案を示したりするような言い方のバリエーションを増やしておくと、丸くおさまるのでおすすめですよ。

NO

OKORANAI

58

100

「ヨイ出し」を心がける

「ダメ出し」という言葉はあっても「ヨイ出し」という言葉は、あまり耳にしませんね。人はつい、不完全なところに目を向けてしまいがちです。

「これができていない」「このクセはやめてほしい」というようなダメ出しが、良好な人間関係を築く妨げになってしまうのです。

人は、プラス面でもマイナス面でも、「注目されたところを強化する生き物」だと言われています。ですから、相手のヨイところを、具体的に書き出してみるのはおすすめです。書いてみると、意外とヨイところがたくさんあることに気づけるもの。

誰かと比べるのではなく、その人ができていることや、一生懸命に取り組んでいるヨイところに目を向けて、それを本人にも伝えてみてください。そうすると、ヨイところが強化され、ヨイ出しの習慣も身についていくでしょう。その人の内面や外見の素敵なところを、それぞれの場に合ったタイミングで、ぜひ伝えてみてください。関係が変わるかもしれませんよ。

OKORANAI

59

100

「どうすれば」を口グセにする

相手がミスをしたり、何かをしでかしたりしてしまったときに、「なんで？」と言うと、責めるような気持ちが生まれ、解決策が出なくなってしまいます。「なぜ？」を3回続けると、質問ではなく尋問や詰問になるので、要注意です。「なんで⁉」と問いかけることで、相手から出てくるのは、言い訳になってしまいますし、逆ギレされることもあるかもしれません。

「なんで？」という言葉を人に対して発するたびに、さらに怒りがわいてくるでしょう。言われた相手も嫌な気持ちになる分、お互いの負の気持ちがぐるぐるまわって、険悪な空気になってしまうことも……。

イラッとすることがあったら、「どうすればいい？」という言葉を使うようにしてください。「では、この先どうすればいい？」という言葉を投げかけられると、未来に気持ちが向けられるようになります。「どうすれば」を口グセにして、未来に向けて建設的な話し合いができるといいですね。

OKORANAI

60

100

華麗にかわす

仕事やプライベートでさまざまな人と関わっていると、気に障るような失礼な言動をとってくる人もいるのではないでしょうか。ただ、自分がコンプレックスに思っていることをズケズケと言ってくる人もいますが、イラッとしても、攻撃的に返さないことが大切です。

反発することで、かえって相手とこじれて、さらに面倒なことになるかもしれません。たとえば、「太った？」と言われたら、「あら、そう」と軽く流し、スルーするのもひとつの選択肢です。「エクセル得意じゃないよね」などと言われたときには、「そうかも。○○さん、代わりに作成してくれる？」と振ってみるのもいいですね。

話をさえぎられたら、相手の話の区切りのいいところで、「わたしの話に一度戻してもいい？」と伝えてみましょう。また、あまり親しくない人から馴れ馴れしくされて嫌だと感じたら、あえてこちらは「ですます調」で対応するのがいいでしょう。

相手が仕掛けてくることに対して、そのまま乗らないようにするのが得策です。

OKORANAI

61

100

相手を変えようとしない

「部下に無理を言って、威圧的な態度で接してくる上司に嫌気がさします」

こういった相談を、多く耳にします。

先に結論を言うと、嫌いな相手の行動や在り方を丸ごと変えることはできません。

そもそも、他人を変えることもできません。

でも、変えられない上司に気をとられて、仕事に集中できない状態が続くと、あなた自身が本来の能力を発揮できなくなってしまいます。許せないという気持ちがわいてくるかもしれませんが、自分に害が及ぶ範囲でなければ、放っておくのが得策です。

もし、相手が怒りをむき出しにしてきても、過剰に反応せず、最低限必要な報告・連絡・相談の情報共有のみにとどめます。

どんな状況であっても、相手を変えようとするのではなく、自分の考え方や関わり方を変えたり、環境を変えたりするほうが、怒りにとらわれずにすむのです。

OKORANAI

62

100

チームの力を借りてみる

他者を見下す攻撃的な人は、あらゆる組織に一定数存在するようです。

こういったタイプに遭遇したら、まわりの人と情報を共有し、ひとりで対応しないようにしましょう。攻撃対象にされることで、精神的にダウンしてしまう人も出てくるかもしれません。

攻撃的なタイプの人のなかには、「わたしがいなくなったあと、この職場がぐちゃぐちゃになればいい」と、後味の悪い辞め方をする人もいます。こういった問題のある人が出てきたら、穏やかに応じる、穏便に送り出す、あまりとらわれないようにする、といったことを心がけるといいでしょう。

心理的安全性が保たれなければ、会社の生産性は上がりません。攻撃的な人がひとりいるだけで、多くの人が力を発揮する場を奪われてしまいます。

仕事で人間関係のトラブルが起きた際には、いち早くチームを巻き込み、ひとりで抱えないようにしましょう。

OKORANAI

63

100

言いたいことはリクエストとして伝える

わいてきた怒りを相手にそのまま感情的にぶつける人は、幼稚だと思われてしまいます。
「バカじゃないの？　いい加減にしてほしい！」
たとえばこんなふうに言うと、お互いに不快な気持ちになるだけで、相手の行動が改善されるわけではありません。

相手に不満がわいたときには、何が嫌だったのか、どんな気持ちになったのか、そしてどうしてほしいのかを伝えるようにしましょう。これができれば、言う側もスッキリしますし、言われる側も、怒った側の気持ちを理解しやすくなります。「怒ること＝悪いこと」ではなく、「相手へのリクエスト」ととらえると、少し言いやすくなるのではないでしょうか。怒りは、自分が「してほしい」と思ったことと、「するべき」と信じていることが守られず、その通りにならなかったときにわいてくる感情です。

だからこそ、言いたいことはリクエストとして伝えることを心がけるようにしましょう。

OKORANAI

64

100

踏み込まれたくないことははっきり言う

デリカシーのない人に、踏み込まれたくないことを言われたら、とても嫌な気持ちになりますね。

人によって、踏み込まれたくない領域は異なりますが、デリカシーのないことを言う人は、親しい間柄の人に対して遠慮がなくなり、「この人には、何を言っても大丈夫」と思ってしまっているのかもしれません。言われる立場の人も、不快な気持ちになりながらも、顔に出すことなく平静を保っていたために、相手が気づいていない可能性もあります。ですから、「これは言われたくない」と自分の気持ちをはっきり伝えることは、とても大切なのです。

もし、目上の人にデリカシーのないことを言われた場合も同じです。

冷静になりながらも、「それについては、言われたくないことです」とはっきり意思表示しましょう。

丁寧に伝えることを心がければ、あなたの本心が伝わるはずです。

OKORANAI

65

100

お礼をセットに

家族や友人やママ友、職場の上司や同僚など、あらゆる場面で、おせっかいなことを言ってくる人はいるものです。そういったときは、「これ以上、突っ込まないでほしい」ということを匂わせつつ、お礼を伝えてさらりとかわせると、一枚上手な対応ができます。

たとえば、親から「結婚は？」「子どもはどうするの？」と聞かれた場合、「神様が決めたタイミングがあるだろうから、任せようかと思って……。気にしてくれてありがとう」と答えるのもいいでしょう。

「家族の年収は？」「お子さんの受験は？」「学歴は？」などと、あまり聞かれたくないことまで質問されたときには、「がんばっているみたいだけれど、わたしはあまり把握していなくて……」「子どもの意思に任せているんだ」「言うほどのことではないですよ」というように、さらっとかわすのもいいですね。

イラッとしたまま言い返さないようにするのがポイントです。

OKORANAI

66

100

違う意見をいったん受けとめる

人とおつき合いしている以上、自分の意見が通らないことや、相手と意見が違うことは多々あります。

ただ、強い口調で言い返されたり、「それはおかしい！」「そんなやり方は失敗するに決まっている！」「こちらの考えでやるべき！」といった否定的な言い方をされたりすると、カチンとくることもあるでしょう。このとき避けたいのは、感情的に言い返すことです。

相手を論破する必要はありません。自分の意見を理解してもらうことがゴールだということを忘れないようにしてください。「〇〇の考えで進めたほうがいいということですね」といったん受けとめ、「どの点が失敗するという判断に至ったか、教えてもらえませんか？」と相手の考えを引き出す質問をしたり、相手が指摘してきたことに対しての回答を伝えたりすることに意識を向けてみてください。相手がどんな言い方をしても、過剰反応しないようにしましょう。

OKORANAI

67

100

ときには頼って、甘えて、任せてみる

「人に頼ったり、甘えたりすることは、自分の弱みを見せることになる」「人に任せてしまうと、自分の存在価値がなくなる」。こんなふうに思い込み、自分のキャパシティ以上に抱え込んでイライラする人が意外と多いものです。あなたはいかがですか？

人の手を借りたいときには、素直に伝えてみましょう。「○○について、教えていただけませんか？」「とても困っているので助けてほしい」「○○さんに手伝ってもらえると助かります」。人は正直な気持ちを打ち明けられると、その人を身近に感じて、好感を抱くようになります。

頼ったり頼られたりすることで、お互いに助け合える関係性を築けますし、人の力も循環していくのです。頼ることは、弱みを見せることではありません。ときには、あえて人に頼ってみることで、自分で負担を抱えすぎずにすみますし、周囲でも助け合いが起こりやすくなります。

ぜひ口に出して、協力的な関係を築き、人の力を循環させていきましょう。

OKORANAI

68

100

叱るときは率直に伝える

「適切な叱り方をされた経験がないため、どう叱っていいかがわからない」「経験がなく、上手に叱る自信がない」「相手がメンタルの不調になるのでは……と不安になる」「パワハラだと思われるのが怖い……」

リーダーの方々から「叱る」ことに対して、こういった相談を受けることが多くあります。こんな気持ちを抱えていると、提出物の期限を守らない部下に対しても、「提出物の期日が過ぎているけれど……、いつまでだったらできる？」と、相手の様子をうかがうような言い方をしてしまうのではないでしょうか。叱らなければいけない場面では、率直に伝えましょう。

たとえば、「約束した期限は守ってほしいんだ。次の仕事を引き継ぐ人の進行にも影響するからね」と具体的に言うと、伝わりやすくなります。

叱る前に、一番伝えたいことはなんなのかを浮き彫りにし、大事なことをひとつに絞って言葉にするようにしましょう。

OKORANAI

69

100

「ＷＨＹ」を伝える

新たにルールを設けるときや、パートナーとの間で何か変えたいことがあるときなど、意識するといいのは「ＷＨＹ（なぜ）」という理由を伝えることです。

たとえば、「明日までに、○○についての資料を作成しておいてください」という用件だけ言われるより、「お客様が新店舗をオープンするにあたり、どうしても明日までに○○の資料が必要なのです。お願いできますか？」と言われたほうが、相手も受けとめやすくなりませんか？

相手を説得したいときや、行動をうながしたいときにも、「○○をしたいのです。なぜなら……」という説明を添えることを心がけましょう。人は、「なぜ」という理由や根拠に納得したとき、自ら行動に移すものだからです。

はじめから必要な情報をしっかり伝えていれば、余計な言い争いや、怒りがわく機会を減らすことができます。上手に使いこなしてみてくださいね。

OKORANAI

70

100

「不満」は「提案」に変換する

仕事上で、不満や不安などのネガティブ感情が積み重なると、いざ意見や提案を伝えようとするとき、つい文句のような口調になってしまう人がいます。たとえば、「なんでこんなに仕事量がほかの人よりも多いのか」「わたしにばかり、面倒な仕事が偏って割り当てられているのではないか」といった思いが積もってくると「どれだけ大変だったのかわかっていますか？」「なぜこれまで気づいてくれなかったのですか？」と責めるような言い方になってしまいがちです。

そうならないよう、仕事で意見を伝えるときには、あらかじめ「何についてわかってほしいのか」「どうしてほしいのか」ということを、整理してから伝えるようにしましょう。言いたいこと、伝えたいことを紙に書いたり、パソコンで打ち込んで整理したりしておくと、より伝えたいことが明確になります。ひとりで抱えるには重すぎる案件なら、ほかの人に相談することを視野に入れてもいいでしょう。

大切なことほど、あらかじめ整理して冷静に伝えることを意識したいですね。

OKORANAI

71

100

事実を伝える

怒りを感じたとき、次のような言葉を言ってしまうことはありませんか？

「いつもミスをする」「かならず言い訳をする」「わたしの言うことを一度も聞いてくれない」「全部あなたのせい」などです。

100％の事実ではないのに、ついイラッとしたときにこのような表現を使ってしまう人がいます。

断定的に言われてしまうと、相手は「いつもではないし、できていることだってあるのに！」「かならずだなんて大げさすぎる」と受けとめ、人によっては「決めつけないでほしい！」と反発してくることも……。

相手に直してほしいことがあるときには、「同じミスが3回続いているので、見直しを入念にしてね」「遅刻したときに言い訳をすることがあるけれど、まずは待たせたことを謝ってほしいんだ」というように、事実を伝えることを心がけましょう。

OKORANAI

72

100

コミュニケーションを勝ち負けでとらえない

「相手の意見に従ったり、自分の意見が通らなかったりすると、負けだと思ってしまう」こんな意見を聞いたことがあります。これは、話し合いで問題解決をしていくという、本来の目的（ゴール）を見失っている状態です。

縦社会の影響を強く受けてきた人に、このような傾向が多くみられます。

そもそも、コミュニケーションは勝ち負けではありません。

勝ち負けを意識する人のなかには、サービス業の人に「強く言うと自分の要望を聞いてくれるから、クレームを言う」という困った行動をとる人もいるのです。相手に攻撃的な言い方をして自分の言い分を通してスッキリしたとしても、誰かを傷つけたり、長期的な目線で見たりすれば、相手との良好な関係は期待できません。

もし「わたしもそうかな……？」と思うことがあったら、勝ち負けではなく、お互いが気持ちよくなるゴールを目指して会話するようにしてみてくださいね。

OKORANAI

73

100

相手のことも自分のこともまずは信頼する

誰かを叱ったり、意見を伝えたりするとき、「またどうせ繰り返すに違いない」という気持ちが心のなかにある状態で相手に接してしまうと、口には出していなくても、相手にその思いが伝わってしまうことがあります。

コミュニケーションがうまくいく人は、相手に対して「わかってもらえる」と信頼して、改善してほしいことを伝えています。信頼して関わることで、本当にわかってほしいことが、相手に伝わりやすくなるのです。

また、自分のことを信頼する気持ちを抱いているほうが、相手とも良好な関係を築けます。自分に欠点や、能力的に劣っているところがあったとしても、人間としての価値が下がるわけではないことを知っているからです。

人のことも自分のことも、「まず信頼してみる」ということを心がけてみませんか？

不要な怒りに振り回されず、人と良好な関係を築ける大きな一歩になるはずですよ。

OKORANAI

74

100

感情に目を向ける

口論になって、相手が怒りをぶつけてきたときには、相手の心の根底にある感情に目を向けてみましょう。

怒りの裏側に、「不安」「焦り」「心配」「悲しさ」「寂しさ」「困惑」という感情が潜んでいることがあります。これらの感情が満たされなくて、怒りとなって相手にぶつけてしまうこともあるということです。

相手の怒りをおさめるために、ただ謝って終わりにしたり、相手の気持ちに共感しないまま、解決策だけを提案したりすると、本当の意味での解決には至らないこともあります。相手の感情に目を向け、共感するというプロセスが抜けてしまうと、「あなたは何もわかっていない！」と怒りを助長させてしまうことにもつながります。

口論になったら、「不安な気持ちにさせてしまったね……」「突然のことで心配したんだよね」と、まず相手の心の根底にある感情に目を向けてみませんか？

OKORANAI

75

100

寄り添う言葉を混ぜる

相手がいつまでも怒っていて、なかなかおさまらないときに、「そんなに怒らなくてもいいじゃない。そこまで怒ることでもないし……」と言っておさめようとすることはありませんか？　こうした発言によって「怒っていることを受けとめてもらえていない！」と相手の怒りがさらに強くなってしまうことがあります。

何に対して強い怒りを感じるかは、人それぞれです。自分にとってはたいしたことでなくとも、相手にとっては違うということもあります。

相手を怒らせてしまったときには、「○○さんにとって、それだけ大切なことだったんだよね……」と相手に寄り添う言葉をかけつつ対応しましょう。そのときに注意したいのは、「それは頭にくるよね！　わたしだって腹が立つ！」と相手の怒りに同調して、一緒に怒ってしまうことです。

そうすると、やはり怒りが強まっておさまらなくなってしまうことがあるので、気をつけたいですね。

OKORANAI

76

100

結論をひと言で返す

攻撃的な人や威圧的な相手に、どう対応し、どう伝えればいいのかという相談は、世代を問わず、日々わたしのもとに寄せられます。では、攻撃的だったり威圧的だったりする相手に冷静に対処したいとき、どのようにするのがいいでしょうか。

それは、結論をひと言で伝えるようにすることです。

「○○に関しては、△△のように思っています」「○○の理由で、申し訳ないのですが、お受けできかねます」というくらい短い文章で伝えたいことを言いきってみてください。

それでも、相手がまた何かを主張して論破してくるようであれば、「申し訳ありませんが、これは難しいのです」と繰り返し伝えましょう。

「強く攻撃してもこの人はぶれないな。これ以上強く言っても変わらない……」と相手に思ってもらうのが理想です。この対応は、長々と話しておさめようとするよりも、じつはずっと効果的なのです。

日頃から、毅然とした態度で、短い言葉で端的に伝える練習をしておきましょう。

OKORANAI

77

100

「わたし」を主語に

意見や気持ちを伝えるときや、改善してほしいことがあるときは「わたし」を主語にすることを意識しましょう。「あなた」を主語にして伝えてしまうと、相手を責めるような印象を与えてしまうかもしれません。たとえば、

×「最近、同じミスが続いていて、あなた（△△さん）、集中力が欠けているよね」
○「最近、同じミスが続いていて、わたしには集中力が欠けているように思えるんだ」
×「なぜ、あなた（△△さん）は言った通りにやってくれないの?」
○「わたしは△△さんに、○○してほしいのです。なぜかというと……」

このように、「わたし」を主語にすると、思いやわかってもらいたいことが、決めつけにならず、誤解されることもなく伝わります。「あなた」ではなく、ぜひ、「わたし」を主語にして意見や気持ちを伝えるように意識してみてくださいね。

OKORANAI

78

100

意見の違う人も味方にする

自分と意見の違う人を味方にしたいときは、まず相手の意見を受けとめてから、自分の意見を伝えます。相手の意見に対して、「そうは言っても……」「おっしゃることはわかりますが……」などと切り返しをした場合、いくら正論だとしても「わたしの意見を受けとめてくれない人の話は聞きたくない」という反発の気持ちが生まれ、耳を傾けてくれないこともあるでしょう。

「○○さんは、そのようにお考えなのですね。そう思う理由を、ぜひ聞かせていただけませんか？　わたしは□□と考えているのですがいかがでしょうか？」というように、いったん相手の意見を受けとめたうえで、自分の意見を伝えてみてください。相手は、自分の意見を聞いてもらえたことで、あなたの話にも耳を傾け、味方になってくれるかもしれません。

まずは、相手の意見を受けとめることを心がけるようにしましょう。

OKORANAI

79

100

ちょっと「気になること」も伝えてみる

よく相談を受けるなかで、「ちょっと気になる小さなことを、どう伝えたらいいか」という話を耳にします。たとえば、「普段、直接指導している新入社員が、挨拶をするときに声に出さず、頭を少し下げるだけなのが毎朝気になってしまう」「上司が、取引先の会社名を頻繁に間違える。お客様の前で間違えたら大変なので、ハラハラする」「入社3年目になったのに、新人にあだ名で呼ばれる」といったことがあげられます。小さなことでも、重なると悶々としてしまうという人もいます。あなたはいかがでしょうか。

気になるのなら、素直に「今後は、〇〇してほしい」と伝えてもいいのですが、「そんな小さなことにこだわる人間だと思われたくない」と言う人も……。「気になっていること」というと、小さなことのように感じられますが、じつは自分にとっては「大切なこと」が含まれていることも多くあるのです。

普段から、自分の気持ちに素直になって、あなたにとって大切な「気になること」を伝えるようにしてみてはいかがでしょうか。

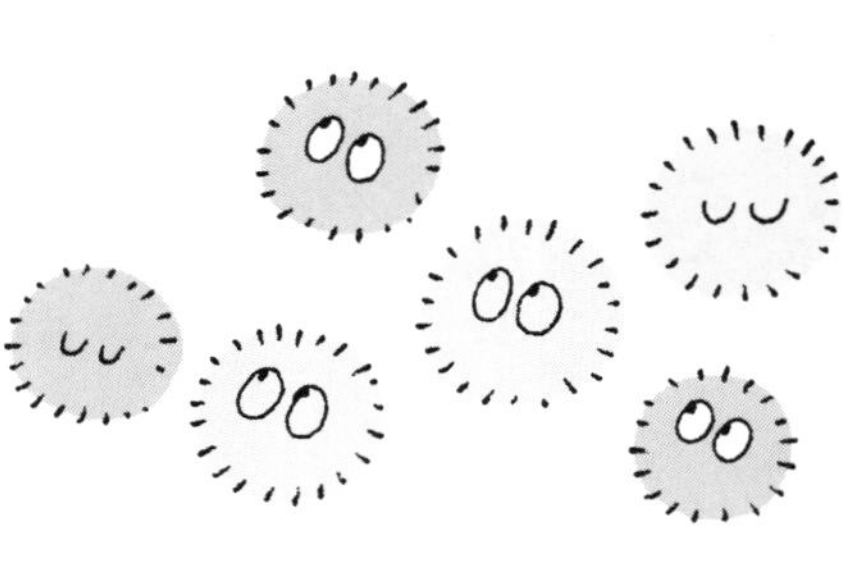

OKORANAI
80 - 100
100

5章

自分をごきげんにする習慣

OKORANAI

80

100

相談相手を見つける

自分ひとりでは整理できない、イライラやモヤッとした怒りは、誰にでもあるものです。どうしたらいいか、誰かにアドバイスをもらうことや、ただ聞いてもらうことで気持ちが落ち着いて、「そうか、これが嫌だったんだ」と整理できることもあるのではないでしょうか。

ただし、相談相手は選ばないと、逆効果になってしまうこともあります。同調する相手は、一緒になって怒りはじめてしまうので、避けたほうが無難です。あなたの話に便乗して、人の悪口や自分の怒りを言ってくる人も、相談相手には向きません。共感して、一緒に考えてくれる人を選ぶのが得策です。

もし、身近に相談できる人がいない場合は、プロにお願いしてカウンセリングしてもらうのも、ひとつの解決策になります。以前は、「カウンセラーの手を借りるのは、精神疾患のある人」という偏見もありましたが、現在は、珍しいことではなくなってきました。

さまざまな対処法を試して、怒りをためない習慣を身につけることが大切です。

OKORANAI

81

100

朝日を浴びる

セロトニンは脳内の神経伝達物質のひとつで、喜びや快楽を司《つかさど》るドーパミンと、恐れ、驚きなどを司るノルアドレナリンの情報をコントロールして、おもに心を安定させる働きをしてくれます。「しあわせホルモン」と耳にしたこともあるのではないでしょうか。セロトニンの分泌が低下すると、イライラ感が増したり、うつ病や精神的な落ち込みを引き起こしたりするとも言われています。人は、昼夜逆転すると、精神が非常に不安定になります。そうならないためにも、朝起きて日光を浴びて、メラトニンをしっかりリセットしたほうがいいのです。起床後、１日15～30分程度浴びることがおすすめです。

メラトニンは、脳内の睡眠誘発物質で、分泌が増えるほどに眠くなる性質を持っています。朝日を浴びることで、体内時計が正しくリセットされ、セロトニンとメラトニンにも作用するため、心が安定します。

健康的に生活リズムを整える習慣を、身につけていきたいものですね。

OKORANAI
82
100

バナナや大豆製品を食べる

セロトニンを増やすための、簡単な方法をご紹介しましょう。

朝食に、セロトニンの分泌を増やす成分を多く含むバナナや大豆製品をとるのがおすすめです。とくにバナナには、セロトニンをつくるために必要な、すべての栄養素が含まれています。調理の必要もなく、手軽に食べられるのがいいですね。

豆腐、納豆、味噌、醬油などの大豆製品にもたくさん含まれており、たとえば、豆腐の味噌汁やきなこ牛乳は、2つの食材を合わせることでセロトニンをさらに増やすのに効果的です。ほかにも、乳製品、ピーナッツをはじめとするナッツ類、赤身魚、赤身肉、卵、そばなどに含まれています。

朝の時間帯にセロトニンの分泌を増やすようにすると、ストレスが消え、しあわせを感じるようになるでしょう。バナナなどは、まさにアンガーマネジメントに有効な食べ物と言えるのではないでしょうか。

身体にいいものをとりながら、イライラがおさまっていくといいですね。

OKORANAI

83

100

ゆっくりお茶を飲む

イライラしたときにはホッとひと息、ゆっくりお茶を飲む時間をとるのも有効です。自由に動けるときは、ふらっとカフェに入って、お茶を1杯飲むだけで気分転換になるでしょう。

オフィスにいたとしても、席を外せる時間があるようなら、定期的に席を立ってコーヒーを淹れたり、おいしいお茶を飲んだりすることでリラックスできます。

コーヒーやお茶の香りには、癒しの効果もあり、ほっとひと息つくことができるでしょう。とくに、コーヒーの香りについては、リラックスしたときに見られる、脳波のα波が多くあらわれることが、科学的にも証明されています。集中力には限界があるので、お茶を飲んでリラックスし、気持ちを切り替えましょう。

いつでもいいパフォーマンスを発揮できるように、香り高いお茶、おいしいお茶を、ゆったりと楽しむ時間を持てるといいですね。

OKORANAI

84

100

予定を入れる上限は75〜80％に

ミスを繰り返す自分にイライラする……という相談を受けることがありますが、どんなに準備をしていても、ミスをゼロにすることはできません。

ミスが増える大きな要因は、たいていの場合、忙しくて疲れていることにあります。

そんなときは、スケジュールをいったん棚卸ししましょう。

まず、自分で決められる約束なら、あえて予定を詰め込みすぎないようにしてみてください。何かトラブルが起きたとき、対処がしやすいように、予定を入れる上限は、75〜80％にしておき、余裕のあるスケジュール計画を立てましょう。

また、忙しいときこそ、睡眠時間をしっかり確保することも忘れてはいけません。睡眠不足は、じわじわと影響し、疲れやうっかりミスにつながりやすくなります。

睡眠も仕事のうちだと思ってしっかり眠ることを習慣にし、朝もバタバタしないように心がけたいものですね。

OKORANAI

85

100

だらだらする

「休憩時間やお昼の時間に、だらだらしてしまう自分が許せない……」

こういった自分への怒りについての相談も、相次いでいます。このタイプの人は、だらだらすることや息抜きすることを「サボる」ととらえてしまいがちです。

人間は、常に全力で過ごすことなどできません。

むしろ、生産性を高めるには、休むことが必要不可欠です。もっと、できたことに目を向ける習慣を持ちましょう。「この時間内にこれができた」「通勤時間がない分、書類や資料の整理をした」「部屋を片づけた」など、真面目な人ほどたくさんあるはずです。

また、仕事へのモチベーションを高めるために、「なんのためにこの仕事をしているのか?」「これを達成した先には何が待っているのか?」と振り返ることで、自分がしている仕事の価値を再確認でき、自然とやる気もわいてきます。「いつも何か生産性のあることをしていなければいけない」という思い込みを見直し、たまにはだらだらする自分も許してあげましょう。

OKORANAI

86

100

自分の身体をいたわる

自分の身体をいたわる方法は、いろいろありますし、人によってもさまざまでしょう。何が自分にとって心地よいかは人それぞれ違いますが、「疲れたな」と思ったらまず休息をとりましょう。人によっては整体やマッサージ、エステなどに時間とお金をかけるのもいいですね。

怒りに振り回されていると、身体がギュッと硬まってしまうので、こわばった身体をほぐすように、物理的に身体に優しくしたり、いたわったりしてあげましょう。まず身体から大切にすることで、心にも連動して、イライラがやわらいでいくこともあるのではないでしょうか。

人の手を借りて休むのもおすすめです。いまは、マッサージにもいろいろな種類があるので、自分に合った方法を見つけてみてください。

怒りに振り回されて、疲れきってしまう前に、がんばっている身体をゆるめて、自分をいたわる習慣を持ちたいものですね。

OKORANAI

87

100

気持ちが明るくなる服を選ぶ

洋服の色は、思った以上に影響力があるものです。ダークカラーの服がいけないわけではありませんが、暗い色の服ばかりになると、自分の気持ちも晴れませんし、一緒に過ごす人も、気分が沈みやすくなってしまうかもしれません。

なんだか悶々とするというときこそ、あえて原色の明るい服を選んでみるのもおすすめです。色彩心理学では、たとえば、赤を見ると気持ちが上がり、青には気持ちをしずめて落ち着かせる効果があると言われています。夜寝るときのカーテンは青がいいという説もあります。オレンジは食欲を誘い元気になる色、黄色もパッと明るく前向きになる色ですよね。そういった色彩心理の効果を踏まえて、明るい色の服を身につけて鏡に映る姿を見たときや、クローゼットを開けたときにも、色の効果をうまく取り入れられるといいでしょう。

どんよりするような雨の日にも、あえて明るい服を着たり、きれいな色の傘を持ったりして、気分転換するのもおすすめですよ。

OKORANAI
88
100

肌と髪のお手入れをする時間をつくる

肌と髪については、お悩みの相談を受けることが多いです。

年齢とともに潤いがなくなり、肌がカサカサだったり髪の毛がパサパサだったりするのが気になる、という人は少なくありません。

肌も髪も調子がいいと、心理的にも気持ちがいいですよね。

男性も女性も、歳を重ねるにつれて、自分の顔や肌が変化したり、髪も薄くなってきたりすると、それがイライラのもとになるという人もいます。肌や髪の毛が健康的であることは、精神的な部分にまで影響するのです。

思い出したときにきれいにしておけると、それだけで気分が変わるでしょう。忙しいときにも、あえて肌と髪を手入れする時間を設けるのは、自分をいたわるためにも大切なことですね。

自分を大切にしていると、自己肯定感もぐんと上がるのではないでしょうか。

少しの時間でも、肌と髪を磨く機会を設けることを、ぜひ習慣にしてみてください。

OKORANAI

89

100

バッグのなかを整理する

毎日使い続けているバッグ。定期的に中身を全部出して整理していますか？

バッグのなかを見たときに、ぐちゃぐちゃの状態になっていると、誰かに見られたときも自分が見てもいい気持ちではありませんし、何かを探すのも大変です。

バッグのなかの状態が、そのまま自分の心のなかをあらわしているようにも感じられるのではないでしょうか。イラつくときこそ、心を整えるつもりで整理してみるといいでしょう。

帰宅したら、いったんバッグの中身を全部出しましょう。また、同じバッグだけを使っていると、どうしても中身に余計なものが増えてしまうので、いくつかのバッグをローテーションで使うことも、きれいに保つコツのひとつです。

バッグだけでなく、お財布も、レシートやポイントカードでいっぱいになっていませんか？　バッグとお財布は、定期的に整理するといいですね。

OKORANAI

90

100

部屋を整えてみる

部屋がごちゃごちゃしていると、気分もごちゃごちゃしてくるものです。思い当たるところがあれば、模様替えや断捨離をして、気分転換することも大切です。

たとえば、半年に1回でも、書類をはじめ、いらないものや使わないものを整理してみましょう。いらないものを処分し、必要なものだけにすれば、気持ちもスッキリします。

散らかっていると、探し物をするのもストレスになるでしょう。イライラしたときに、部屋が散らかっていると、余計にイライラしそうな感じがしませんか?

イライラしたら、いったん部屋を片づけましょう。整理しているうちに、怒りを忘れたり、片づけに没頭することで、ストレスがやわらぐことにもつながったりします。

落ち着く空間に身を置いていると、いつでもリラックスできるので、そもそも怒りがわきにくくなります。

ぜひ、快適な空間で過ごすように心がけましょう。

OKORANAI

91

100

緑のなかに身を置いてみる

緑は、生命力を象徴する色と言われています。

緑を見るだけで気持ちがやすらぎますし、緑のなかに身を置いて深呼吸したり、のんびりしたりすることも、心がリフレッシュできるきっかけになります。

時間があるときに、大自然のなかに身を置いてみてください。時間がないときには、緑のある公園に行って、ゆったり景色を眺めるのもいいですね。緑の見えるお店やカフェに行ってゆったり過ごしたり、観葉植物などを家に置いたりすることもおすすめです。手軽に気分転換できるでしょう。

森林浴には、多くの効果が期待できます。たとえば、ストレスホルモン減少、交感神経の活性化、血圧や脈拍を落ち着けることなどにも効果的です。

ゆったり自然に触れる時間を持つと呼吸も深くなり、ストレスを解消できるでしょう。

ぜひ、意識して緑のなかに身を置いてみてくださいね。

OKORANAI

92

100

身体が喜ぶものを食べる

イライラしながらひとりで食事をしていると、嫌なことを思い出したりして、せっかくの至福の時間が、「ただ口に入れているだけ……」という状態になってしまいがちです。五感のひとつである味覚をしっかり感じて食べるというのも、豊かな時間を過ごすには、とても大切なことです。

お気に入りのお店に足を運んだり、好きな人と一緒に食事に行ったり、手の込んだものやお店でしか食べられないようなものをあえてオーダーしたりすることで、ふっと力が抜けて、気分もリフレッシュすることができます。

食事は、人をしあわせにしてくれる時間です。イライラする思い、モヤモヤする思いを変えたいときにも、日々がんばっているごほうびとしても、定期的に外食の機会を設けるといいですね。ゆっくり食材を味わいながら、身体が喜ぶものを食べ、食事を楽しむことで、イライラする機会を減らしていくことができますよ。

OKORANAI

93

100

靴と丁寧に接する

靴は、定期的にきれいにしたほうがいいでしょう。

つま先やかかとにあまりこだわらない人もいるのですが、じつは意外と目に入るところです。よく使うものだからこそ、手を入れてほしいのです。とくにつま先やかかとが擦れていたり、かかとを踏みつぶしたりして、形が崩れてしまったスニーカーを履いている人もいますが、ぜひ丁寧に扱ってあげてください。足元が汚れていると、自分を丁寧に扱えなくなってしまうかもしれません。いつもイライラしている人を見ると、人や物を乱雑に扱っているように感じることがありませんか？

毎日使うものだからこそ、自分の身体の一部だと思って手入れをしていけるといいですね。持ち物をきれいに保つことで、「さぁ、今日もがんばろう」と、気持ちをリセットできます。

気分転換に靴を新調して、きれいなピカピカの靴を履くのもおすすめです。足元のおしゃれにこだわることは、ワンランク上の品格を身につけることにもつながりそうですね。

OKORANAI

94

100

手を美しく保つ

手を美しく保つと、それだけで気分が上がります。

自分をごきげんにするために、お気に入りのネイルを施し、目に入るたびにうっとりした気持ちになれる人は多いものです。ネイルまではしなくても、基本的に手元が汚れていないか、爪が伸びっぱなしになっていないかということには、配慮できるといいですね。

何か所作をするたびに、かならず手元は目に入ります。人も自分も頻繁に目にするところだからこそ、残念な状態になっていると気になってしまいますし、気分にも影響します。

たとえば会議でひと息ついたときや、ちょっとイラッとする出来事があったとき、ひと呼吸おいて香りのよいハンドクリームを塗ってみてください。ふわっと香りが広がって、波打った気持ちが自然とほどけていきます。イライラを断ち切るひと呼吸があると、怒りの気持ちに引っ張られずにすみますね。

手元を気遣うことがストレス解消につながるので、ぜひ、清潔に保つことを心がけてみてください。

OKORANAI

95

100

お風呂時間を楽しむ

お湯をためてゆっくり入浴すると、免疫力が高まります。

忙しいとシャワーですませてしまいがちですが、イライラしたり、モヤモヤしたりすることがあるときほど、お風呂にお湯をためてゆっくり入浴してみてください。

もし、お気に入りの入浴剤があれば、香りや肌触りを楽しむのもおすすめです。気持ちが上がるようなボディジェルや、バスジェルを使うのもいいですね。

いい香りに包まれて時間をかけて入浴すると、心も身体も癒されます。就寝前に入浴するときには、高すぎる温度に設定するのではなく、40度ほどのお風呂に30分程度ゆっくりつかるのが効果的です。

何も考えずにリラックスできると、ストレスが解消され、疲れも回復していきます。入浴の時間をくつろぎの時間にすると、それだけでも気分転換になりますね。

ごきげんな入浴時間を持つことを、ぜひ習慣にしてみてください。

OKORANAI

96

100

花を一輪飾ってみる

花には視覚、嗅覚、触覚などの五感を通して、人の脳を活性化させる働きがあります。花を鑑賞したり、香りを嗅いだりすることで、リラックスしているときにあらわれるというα波が脳に多く見られると言われています。花には、ストレス反応を緩和させる効果、怒りや敵意が低下する効果があるそうです。

花は、玄関や、リビングのテーブルや、キッチンの横など、目につく場所に置いておくのがいいですね。気持ちが浮かないときに、明るい黄色やオレンジの花を選ぶと、元気が出るのでおすすめです。優しい気持ちになりたいときは、ピンクの花もいいでしょう。

季節によって花の種類も変わるので、四季折々の好きな花を取り入れて、心を豊かにしていきませんか？

まずは、たくさんのお花をアレンジしたものではなく、部屋に一輪でもいいので飾ってみるところからはじめてみてください。花の力に癒されますよ。

OKORANAI

97

100

香りを楽しむ

嗅覚は、視覚や聴覚などを含む「五感」のなかで、唯一ダイレクトに大脳辺縁系へと伝わると言われています。大脳辺縁系には、快・不快、不安や恐怖といった、情動をつくり出す「扁桃体《へんとうたい》」が含まれています。

イライラするときや、ストレスを感じるときには、好きな香りを嗅いでみましょう。いち早く扁桃体を刺激するので、いい香りや好きな香りを嗅いだとき、瞬間的に好きだと感じる「快感情」が芽生えます。

深呼吸をしながら、ゆっくり香りを楽しんでみてください。

アロマを活用するのもおすすめです。ラベンダー、マジョラム、ベルガモットは、イライラをしずめる効果があります。好みの香りをつけることや、自分が気に入った香りのハンドクリームを使うこと、香りのいいルームスプレーを取り入れることでも、リラックスできるでしょう。

香りの力は絶大ですよ。

小さな達成感を得る

怒りに振り回されず、一日を機嫌よく過ごすには、日々の小さな習慣が役に立ちます。

ある本に、「気分よく過ごすには、朝起きてベッドを整えること」と書いてありました。一日のスタートに小さな達成感を得ることが、その日を充実させる呼び水になるのだそうです。それを知ってから、わたしもベッドを整えることを習慣にするようにしています。

95（214頁）でも触れましたが、お風呂で気持ちをリセットするのもいいですね。お気に入りの入浴剤を入れて、湯船につかりながら目を閉じます。余計なことを考えずに「いま、ここ」を感じて集中するのです。

気持ちがあちこち飛んでしまうときには、ゆったり深呼吸をしましょう。そして、眠りにつく前には「今日もいい一日でした。ありがとうございます」と感謝の気持ちをつぶやくのもおすすめです。

自分の機嫌を自分で整えるコツは、それほど難しいことではありません。機嫌よく過ごすために、負担にならない習慣を身につけましょう。きっと、心が整いやすくなりますよ。

今日一日を穏やかに過ごすと宣言する

怒りやイライラを感じることもなく、一日穏やかに過ごせたら、どんなにいいでしょうか。問題がすべて解決して、晴れやかになったところを想像し、穏やかな表情や態度、言葉づかいを意識して振る舞ってみてください。

穏やかに振る舞ったとき、まわりはどんな反応をするか、どう変わるのか、観察してみましょう。自分が変われば、相手の反応や相手との関わり方が変わります。それを実感するのです。

まずは、24時間穏やかに振る舞うと決めましょう。人への接し方も変えてみます。かける言葉も意識して変えるのです。そうやって実際に、最高の一日を演じることで、現実が変わることを実感できるでしょう。周囲の人との関係がよくなり、丸一日怒らないで過ごすことの気持ちよさを感じられるはずです。

誰でもすぐにできるので、ぜひ実践して習慣にしてみてくださいね。きっと効果を実感できますよ。

OKORANAI

100

100

15分間昼寝をする

昼寝が身体にいいことは、さまざまな研究からも実証されています。13時~16時までの間に、15分間昼寝をすると効果的です。脳がリフレッシュして、活動しやすくなるからです。パワーナップは、15分程度の短い仮眠のことをあらわし、睡眠の効果を最大化すると言われています。普段、わたしたちは思っている以上に脳を使っています。日々たくさんの情報に触れ、処理している間に、知らないうちにストレスをためて、イライラしてしまいがちです。

それを解消してくれるのが昼寝です。昼寝によって集中力向上、ストレス軽減、記憶力アップという効果が見込めます。

実際に、デスクで寝る前にカフェイン入りのコーヒーを飲む人もいます。コーヒーを飲むと、カフェインが身体のなかをめぐって、約15分後に効果が出てくるので、ちょうどいいタイミングで目が覚めやすくなるのです。ぜひ、昼寝を効果的に取り入れる習慣を身につけて、一日を健康的に活用していきましょう。

おわりに

本書を最後までお読みいただき、ありがとうございました。

いかがでしたか？

読んでいるうちに、怒りの扱い方がわかってきたでしょうか？


研修などで、怒りの正体や対処法についてお伝えすると、後日こんな声が寄せられます。

「怒りを感じたあとに、自分を責めてしまうクセがあったことに気づきました」

「自分を大切にするのを後回しにしていたことで、怒りを増長させていたのかもしれません」

「人間関係で悩む機会が、ぐっと減りました」

「そういえば、最近怒りにくくなってきたような気がします」

「自分をごきげんにする習慣が身につきました」

日々たくさんの人のお悩みをうかがっていると、

「怒りについて知らないから、どう扱っていいのかわからない」

という人が、思っている以上に多いということに気づかされます。


忙しく過ごしているうちに、いつの間にかイライラしやすい生活を送ってしまいがちですが、そんな毎日だからこそ、ご自身の暮らしを、見つめ直してみてほしいのです。

もし怒りのわく機会が多いのだとしたら、ちょっと疲れているサインかもしれません。

5章でも紹介したように、少しゆったりした時間を持つようにしてみてください。


本文中でもお伝えしましたが、怒るのは決して悪いことではありません。

怒りがわいたときに、ときには率直に気持ちを伝えたり、ときにはうまく受け流したりしながら、わいてくる感情を上手に扱えるようになりましょう。

全部できるようになる必要はありません。

ぜひ、できることから実践してみてくださいね。

最後に、ＷＡＶＥ出版の福士祐さん、そして今回もサイラスコンサルティングの星野友絵さんには大変お世話になりました。おかげさまで、１００項目をあげて選ぶところから、楽しく本づくりをすることができました。ありがとうございます。

あなたがしあわせな毎日を送れるようになることを、心から願っています。

２０２３年3月　戸田久実

参考文献

『「怒らない体」のつくり方――自律神経を整えるイライラ解消プログラム』小林弘幸（祥伝社）

『アンガーマネジメント実践講座』安藤俊介（ＰＨＰビジネス新書）

『働く女の品格』戸田久実（毎日新聞出版）

『いつも怒っている人も うまく怒れない人も 図解アンガーマネジメント』安藤俊介監修／戸田久実著（かんき出版）

戸田久実（とだ くみ）
アドット・コミュニケーション株式会社代表取締役
一般社団法人日本アンガーマネジメント協会理事
立教大学文学部卒業後、大手民間企業や官公庁にて「伝わるコミュニケーション」をテーマに研修・講演を実施。
講師歴30年、「アンガーマネジメント」「アサーティブコミュニケーション」「アドラー心理学」をベースにした指導には定評があり、これまでの指導数は22万人にも及ぶ。
主な著書に『アサーティブ・コミュニケーション』『アンガーマネジメント』（共に日経文庫）、『怒りの扱い方大全』（日本経済新聞出版）、『働く女の品格』（毎日新聞出版）、『アンガーマネジメント 怒らない伝え方』（かんき出版）など多数。

ヒダカナオト
画家、イラストレーター
奈良県在住。2015年、岡山県立大学デザイン学部グラフィックデザインコース卒業。
毎年個展を開催しながら、雑誌や広告等のイラストレーションを制作。作品にはおもに空想の生き物や植物を描いている。
2022年1月号から月刊文芸誌「小説すばる」（集英社）の装画を担当。
Twitter：@pelapela350
Instagram：@naoto_hidaka_

怒らない100の習慣

2023年2月19日　第1版第1刷発行
2024年2月26日　　　　第2刷発行

著　　者　戸田久実
イラスト　ヒダカナオト
発 行 所　WAVE出版
〒102-0074 東京都千代田区九段南3-9-12
TEL：03-3261-3713　FAX：03-3261-3823
振替：00100-7-366376
E-mail：info@wave-publishers.co.jp
https://www.wave-publishers.co.jp

印刷・製本　中央精版印刷株式会社

NDC498　231p　19cm　ISBN978-4-86621-447-4